新自然主義

張雅淳心理師遊戲治療②

張雅淳 博士 著

不是孩子不聽話，而是委屈沒人懂！

教導孩子滿足需求、調適情緒、解決問題

目錄

Chapter.1

別讓「挫折忍受力」成為孩子的大壓力！

　　挫折是「面對需求無法獲得滿足的感受」

　　壓力是「面對威脅所呈現的緊張狀態」

Chapter.2

讓孩子願意接受挑戰
（挫折情境篇）

Chapter.3

讓孩子擁有良好情緒狀態
（情緒調節：行動篇）

Chapter.4

讓孩子轉變信念思考
（情緒調節──認知篇）

Chapter.5
讓孩子挫折後仍持續面對
（解決問題）

溫柔搭起家長和孩子的心橋

　　北歐有句諺語：「沒有壞天氣，只有不合適的衣服！」這句智慧之言在面對如何教養今日孩子尤為貼切。隨著 AI 人工智慧與科技日新月異、媒體資訊傳播普及、全球化與多元價值交織的時代，我們的下一代正面臨著前所未有的挑戰與機遇。

　　這個複雜的生態系統如同變幻莫測的天氣，充斥著多樣、廣泛而紛亂的訊息；然而，關鍵不在於環境的嚴峻程度，而在於我們如何裝備我們的孩子，使他們能在這複雜多變的世界中昂揚屹立。

　　正如北歐人懂得在嚴酷天氣中生存，我們需要為孩子們準備適應各種「氣候」的「全天候裝備」，這裝備不是實體的衣物，而是關鍵能力與心態的培養。

　　在這個背景下，我欣喜地看到我的督導學生，同時也是我多年的好友——張雅淳助理教授（芙樂奇心理諮商所創辦人兼所長）發表了《不是孩子不聽話，而是委屈沒人懂！教導孩子滿足需求、調適情緒、解決問題》

這本書。這部作品猶如一件量身定制的「全天候裝備」，為我們提供了促進孩子心理健康發展的嶄新方式。

用正向心理學復原孩子的心

本書以「挫折忍受力」為主軸，將複雜的孩子心理議題轉化為清晰可感的內在世界圖景。它不僅是作者在諮商專業與實務現場豐富經驗的結晶，更融合了正向心理學的觀點和實際案例的啟發。

全書從檢測孩子的挫折容忍力開始，繼而以生動的故事闡述孩子經歷挫折的心理歷程，最後提供了實用的指導，幫助孩子從挫折中復原並成長。這種結構設計彷彿是在為讀者搭建一座橋梁，跨越家長與孩子之間的鴻溝，將之化作溫柔的連結。

誰適合閱讀這本書？不僅是家長，還包括教育工作者、諮商師、輔導員等所有關心兒童成長的人士。它就

像一本指南，教導我們如何在這個充滿挑戰的時代中，培養孩子的適應能力和解決問題的技巧，以真正幫助孩子，迎向一個快樂幸福的未來。

給孩子勇於接受挑戰的能力

回顧北歐諺語的智慧，我們意識到父母無法終生為孩子「遮風擋雨」，但可以提供支持和引導，導引他們發展面對「惡劣天氣」的能力。

挫折，是重新思考自我的契機；受挫，是邁向新際遇的轉折點。我們的目標不應是創造一個毫無挑戰的「無菌環境」，而是培養孩子在風雨中成長、在挑戰中茁壯的能力。

作為作者的督導和朋友，我深感榮幸能夠先睹為快。這本書不僅充滿現代感，更極具實用價值，堪稱親職教育的新標杆。它如同一件精心編織的「全天候裝備」，鼓舞孩子在人生的旅程中，無論面對何種「天

氣」，都能努力綻放屬於自己的花朵。

　　欣然向您推薦這本親職教育的新作，願此書能成為您和孩子共同成長路上的溫暖指引，幫助您的孩子在這個瞬息萬變的世界中，培養出堅韌不拔的微笑生命力，讓孩子的心可以變得很自由。

曾文志

國立清華大學教育心理與諮商學系教授

陪伴孩子長大的全能「解憂」書

「培養孩子的耐挫力」是我跟雅淳所長某次對談的主題。因為小學三年級的姊姊無法忍受自己在電玩遊戲時總是輸給二年級的弟弟。只要姊姊一不小心落到第二、第三名，她就會難過、生氣；而從最後一名進步了一、兩名的弟弟，總是玩得樂呵呵的。

明明是同一個家庭、同樣教養方式下成長的姊弟，竟有完全不同的耐挫力。可見耐挫力的高低好像不完全來自於家庭教養，可能連天生個性、排行，也都是影響要素。

但是，明明在遊戲中耐挫力相對較低的姊姊，卻很能調適面對上台表演、比賽時的壓力，反而是平時樂觀的弟弟在生活中容易退縮。這時我跟所長又聊到了「挫折與壓力」，才發現原來這是兩個完全不同的概念。

爸媽別成為孩子最大的挫折來源

家長都希望孩子能夠忍受挫折，有極好的抗壓性，卻不曉得在平常的教養中，反而可能讓孩子屢屢受挫。

回憶起童年的自己，我和先生都有個成績優異的兄姊，我們總是相對表現較弱的那一個。因為我的父母愛用「比較」的激將法，卻讓我覺得距離模範生姊姊越來越遠、更想放棄，也疏離了姊妹手足之間的感情；我的公婆從不比較，我先生反而更奮發向上，主動努力追上哥哥，最終和哥哥上了同一所優秀的大學。

因為自身的經驗，讓我們夫妻倆在教養孩子的過程中，盡可能避免拿姊弟來比較，但當孩子面對挫折時，我們也因為沒有楷模得以學習，而感到手足無措。

幸好我能常常向雅淳所長請益，看見所長終於將這些父母常見的焦慮以及孩子的狀況寫成一本書，能幫助更多家長找到新的方法來面對孩子的情緒與挫折，也減低了父母在教養上的挫折。

這一本書中提到的狀況，包含了學齡前、學齡中和青春期的孩子會有的情緒狀況，兼顧了各年齡層的需求。

在孩子的不同階段都能找到答案

最重要的是，這本書針對不同情境下，孩子可能遇到的困境和產生的情緒反應與行為，教導父母們該如何看見問題並提供了應對方式，不僅能了解「為什麼」，也會知道「該怎麼辦」，可說是一本教養工具書，隨著孩子長大，相信每一次重複翻閱，都能夠有不同的收穫。

我們都不希望複製自己童年時期所遭遇的挫折，希望找到更好的方法來和孩子相處，而這一本書就是極佳的教養指南，讓父母在教養孩子時更有方向，期許所有的父母都能成為孩子成長路上最好的陪伴者。

凌筠婷

教育電台彰化分台主持人

孩子需要爸媽，家長需要這本書！

推薦想協助孩子具備面對困難與挑戰能力的家長們閱讀這本《不是孩子不聽話，而是委屈沒人懂！》。

十多年前，在諮商所實習時認識雅淳學姊，就很欣賞她對兒童的熱情與認真；佩服她多年來持續進修，努力在遊戲治療上耕耘，這本經驗談深入淺出、值得一讀。

在現今競爭日益激烈的社會中，若只關注在孩子的學業才藝表現，可能會發現孩子一遇挫折就卡關，也增加親子衝突。該如何培養孩子的挫折忍受力已成為許多家長心頭難題！

本書提供了全面且實用的教養方法，建議家長如何在生活中訓練孩子的挫折忍受力，並提供具體步驟和策略，幫助家長容易上手。

給爸媽最實用的提醒和建議

書中有許多重要提醒與建議，譬如說，孩子在面對

問題時，家長應引導孩子正確設立合適且具體目標，避免目標設立過高而引發「習得無助感」（請見本書第 2 章）。

習得無助感會讓孩子因反覆經歷失敗，逐漸對自己失去信心；孩子不僅會失去解決問題的動力，還可能放棄原本的目標。因此，書中建議家長應為孩子設立符合其能力的可行目標，幫助孩子逐步體驗成功，提升其自信心。

還有，提醒慣用「問題焦點因應」的父母們，留意孩子當下需要的可能是「情緒焦點因應」（請見本書第 3 章），亦即，提升孩子的情緒調適能力才是關鍵。

當孩子在面對失敗時，鼓勵家長不僅要關注孩子的情緒反應，更應引導孩子認識、表達情緒並學會控制自己的情緒。「先處理情緒、再處理問題」可能會事半功倍喔！

用實際的案例解開親子的結

簡單來說，此書對父母朋友們來說是一本實用且有深度的教養指南。佩服雅淳學姊能不僅提供理論基礎，還結合了實際案例和具體練習方法，讓家長在培養孩子挫折忍受力的過程中有理可依。

每位家長都希望孩子有能力面對各種挑戰，而本書將為家長提供實質性的幫助，讓家長更明白在孩子遇到挫折時可以如何協助孩子，幫助孩子勇敢面對挑戰並不斷成長。

我強力推薦這本書給所有希望提升孩子挫折忍受力的家長。無論孩子是處於幼兒期、學齡期、還是青春期，這本書都提供了具體可操作的建議，幫助家長逐步協助孩子擁有更強的心理韌性和挫折忍受力。

琪琪

琪琪心理師在美國的育兒生活筆記

讓孩子成為解決自己問題的專家

　　孩子成長過程，無可避免會遇上不同挑戰，因此也會產生成就感與挫折感；想要避免孩子在面對問題與挫折打擊下喪失自信，那我們更應該幫助孩子，在成長過程中具備面對挫折的勇氣。

　　「與孩子一起解決問題，而不是和問題一起解決孩子；讓孩子未來能夠成為『自己問題的專家』」。

　　在諮商過程中，家長總有無奈的心聲：

　　「每次不買玩具給他，他就生氣地大哭大鬧！」

　　「每次叫他改功課就生氣，請他收玩具、他就不要！大家都不開心。」

　　「他最近考試都考不好；叫他讀書，他就擺爛，一直滑手機。」

　　「他也不是不會呀！他只要多花一點時間讀書，考試就會進步了！」

在諮商歷程，孩子也有許許多多無助的心情：

「弟弟每次都故意搶我的玩具，我就是會生氣不開心！」

「我自己也很苦惱，我也想讀書，但是我就讀不好！」

「我就是覺得我怎麼這麼笨，每次都錯一些小題目，我很氣我自己。」

「爸爸媽媽都說我不用功，但是我已經很努力了！」

配合孩子成長階段，採取不同策略

在成為兒童青少年的心理師之前，我也曾經是一名小學老師。每次在班級教學與家長互動或是在親子諮商的過程中，常常聽到家長的無奈以及孩子的無助，我深深感受到親子雙方都努力做了很多的嘗試，卻總是找不到突破的方法。

細數二十年來的輔導諮商歷程，最常遇到以下兩種類型的情況：

　　當孩子處於幼稚園及國小階段時，爸爸媽媽最常感受到孩子容易生氣，一生氣就需要 10 分鐘以上的時間才能冷靜下來，尤其當事情不如孩子預期（買不到玩具、不能玩遊戲），爸爸媽媽都需要耗費很大的精力才能讓孩子不再哭鬧。

　　當孩子處於國中及高中階段時，很多爸爸媽媽都會感受到孩子學習上的挫折與無力感。有的孩子是學習跟不上進度而放棄，有的孩子是原本成績優異卻在邁入頂尖高中後，因為面臨更多優秀的同學競爭而失去了學習的信心與動力。

運用正向心理學，在生活中練習

　　依據以上常見的情形，我整理了一個評估孩子挫折容忍力的表格，爸爸媽媽可以依表格內容檢視孩子的行

為，如果孩子有符合上述的問題與狀況，則代表孩子對挫折狀態尚未尋找到應對方式（請見下頁）。

當爸爸媽媽發現，孩子在挫折方面遭遇困難，也不用太過緊張。透過本書，從正向心理學的角度，先去理解孩子為何容易一遇到挫折就放棄，再運用本書特別提供的「挫折練習小學堂」，幫助孩子以心理預防的策略，透過日常生活對話與互動，就能開始培養孩子面對挫折的能力，讓孩子未來成為自己問題的專家。

張雅淳

檢測孩子的挫折容忍力

爸爸媽媽可以從孩子平常在生活中、在遊戲的過程或課業學習時的狀態進行檢核，根據孩子的狀況進行勾選並計算分數，除了知道孩子挫折容忍力是否不足外，還可以知道孩子面臨挫折時需要補強的能力有哪些唷！

狀況	勾選	
Q1 刻意避開太困難的遊戲或功課	□會	□不會
Q2 對要動腦思考的遊戲或功課感到無趣	□會	□不會
Q3 因遊戲失敗或成績不理想而傷心難過	□會	□不會
Q4 因遊戲失敗或成績不好時而逃避沮喪	□會	□不會
Q5 遇到困難的遊戲或功課總是會放棄	□會	□不會
Q6 遇到遊戲或功課的挑戰不會尋求解決方法	□會	□不會

評分方法：會為 1 分，不會為 0 分

得分：

評分標準

- 1 ～ 2 分，代表孩子挫折容忍力可再訓練。

- 3 ～ 4 分，代表孩子挫折容忍力有待加強。

- 5 ～ 6 分，代表孩子挫折容忍力非常需要加強

爸爸媽媽可以這樣做

- Q1、Q2 代表「目標設定」能力，若有回答「會」，可訓練孩子縮短理想與現實能力。→請見 CH2

- Q3、Q4 代表「情緒調適」能力，若有回答「會」，可訓練孩子表達與調控好情緒。→請見 CH3、CH4

- Q5、Q6 代表「解決問題」能力，若有回答「會」，可訓練孩子選擇與自我負責力。→請見 CH5

別讓「挫折忍受力」
成為孩子的大壓力！

您真的了解「挫折忍受力」嗎？

什麼是挫折忍受力呢？孩子動不動就哭，或是碰到問題就放棄，是不是就是缺少挫折忍受力呢？在競爭壓力越來越大的現在，爸媽該如何從孩子的反應、個性，協助提升孩子的挫折忍受力，成了父母教養的關鍵。

你對挫折忍受力的了解有多少呢？首先，就讓我們一起來認識「挫折忍受力」！

Q1 「挫折忍受力」就是「抗壓性」嗎？
如果不是，要怎麼分呢？
「挫折忍受力」指的是什麼呢？

挫折忍受力和壓力看似相同，但其實兩者還是有所差異。仔細區分挫折與壓力，會發現挫折來自「需求是否獲得滿足」，而壓力是「威脅所導致的緊張狀態」。

挫折是「面對需求無法獲得滿足的感受」

當我們面臨「無法解決的問題」或自己的「需求無法滿足」時，我們就會感受到挫折，比如：孩子原本預期和媽媽一起去便利商店時可以購買糖果，但是因為爸媽拒絕買糖果，於是孩子就會感受到挫折。

當孩子遇到挫折的時候，可能會想哭泣，因此孩子會跟媽媽尋求擁抱以減低自己的難過情緒，孩子的這個反應就是產生了「挫折容忍力」——讓自己不哭泣、行為不失控，在沒有買到糖果的情況下，仍和媽媽繼續在便利商店購物。

壓力是「面對威脅所呈現的緊張狀態」

壓力則是當我們面臨「客觀環境的威脅」或「主觀生活事件的挑戰」時，內心呈現緊張的反應，例如孩子在大地震時經歷家中書籍掉落或書櫃倒塌的情境，孩子感受到生命受到威脅而擔憂，於是產生內心的壓力；當孩子面臨地震不定時來臨的壓力時，孩子會評估自己有沒有躲避的地方或是安全的庇護環境，以減緩每天很擔憂焦慮的感覺，這就是提升了「抗壓力」。

因此，當孩子在追求目標的過程中，一旦面臨「無法解決的問題」或自己的「需求無法得到滿足」兩種情境時，孩子就會感受到挫折。

挫折來源 1：事情不如己意

對於爸爸媽媽來說，孩子在成長與學習的階段，常常會有很多自己的需求與渴望，例如：每次到便利商店就想要買糖果、看到同學擁有遊戲卡片就想要購買、家裡明明就有鉛筆卻還想要買新的鉛筆……孩子的需求總是無邊無際，但爸爸媽媽並不會希望讓孩子予取予求。

但現實是，若一味地拒絕孩子，不滿足孩子的需求時，可能就要面對孩子的情緒風暴，反而讓親子關係陷

入緊張的角力戰。因此，爸爸媽媽能否提升孩子的「挫折容忍力」，就成了非常重要的關鍵。

未來，孩子終究要進入校園或職場，老師與老闆並不會事事都如孩子的預期，「孩子能夠面對他人的拒絕，且讓自己不要情緒或行為失控」。

挫折來源 2：事情不一定能解決

我們都希望所有的事情都能和自己預期的一樣發展，但不可避免的是，也會遇到不一定能解決的情況。

例如：孩子很努力準備考試，但是考試成績卻不如預期（可能老師出題偏難，全班一半以上都不及格）；就算孩子努力地準備說故事比賽，但是比賽同學都太優秀了，評審給了其他選手較高的分數。

類似上述這些情況已經不是孩子自己努力就能夠克服的，此時孩子可能就需要能夠面對非預期且無法解決的挫折感。

愛的小叮嚀

挫折來自需求不能滿足，壓力來自身心狀態的威脅；面對挫折提升自我彈性，面對壓力要減緩內在焦慮。

Q2 自信、自負、自我感覺良好，
是一樣的意思嗎？
具有這三種特徵的孩子遇到挫折時，
爸爸媽媽可以怎麼做？

　　自信代表「自我效能佳」，有自信的人會覺得自己很好，並且知道自己的優勢與劣勢，客觀看待自己的能力與不足。當個人處於自信狀態時，對於事情能夠全力以赴；當表現不如預期的時候，能夠檢視自己的錯誤，並尋求自我改進的方式。

　　自負代表「唯我獨尊」且「自我感覺良好」，自負或自我感覺良好的人只看見自己的好，無法客觀地發現自己的不足。當一個人自負或自我感覺良好時，對於表現良好就歸功在自己身上；但結果不如預期時，就會怪罪他人或覺得是他人的過錯。

自信的孩子需要給予情緒支持

　　當孩子是自信狀態時，遇到挫折會檢視自己的預期與表現，當發現不如自己期待時，就會適時調適自己的

情緒並尋找解決問題的方法；此時的爸爸媽媽，最需要在旁邊給予孩子情緒支持，適時給予提醒。

自負的孩子需要協助調整目標

反之，當孩子自負且自我感覺良好時，有可能對自己有比較高的預期，也比較容易看見自己表現好的一面，但是不如預期時就會責怪他人；此時，爸爸媽媽會需要協助孩子檢視自己需要調整的地方，並且嘗試調整孩子的目標，調整到符合孩子的能力與預期的狀態，慢慢讓孩子找到自己可以努力的方向。

愛的小叮嚀

自信認識自我優勢缺點，自負只見優點卻不見缺點；
自信能檢視自我與標準，自負則唯我獨尊責怪他人。

Q3 老大通常會有壓抑型挫折容忍力，那老么或獨生女的挫折容忍力屬於哪一種？爸爸媽媽可以怎麼做？

很多父母生了兩個孩子，但是卻發現兩人在面對挫折的情緒反應有很大的不同；老大通常不會主動說出自己的問題，但是老二反而會比較容易求助。

老大屬「壓抑型挫折容忍力」

俗話說，「老大照書養」，因為是家中第一個出生的孩子，爸爸媽媽對於孩子的教養特別謹慎，通常會遵照爸爸媽媽指導手冊，例如：每天喝奶要定量多少？幾個月才能開始吃副食品？小朋友哭多久才能抱？小心翼翼地照顧孩子。

由於爸爸媽媽的謹慎，相對給老大的提醒也比較多，老大通常也會發展出較為謹慎的個性：不敢隨便觸碰東西，做事情較瞻前顧後，因為擔心自己有錯誤的行為表現，所以也比較不會表達自己的想法與情感。

此外，老大在認知與行為能力上的表現也比較好，

所以爸爸媽媽大多會訓練老大獨立自主、幫助弟妹。當爸爸媽媽沒有回應老大的需求或老大遇到挫折時，比較不會直接說出自己的困難，而會壓抑自己的想法或自己想辦法，不會主動尋求大人的幫忙，屬於壓抑型挫折容忍力。

老二屬「外放型挫折容忍力」

俗話也說「老二照豬養」，因為爸爸媽媽有第一位孩子的教養經驗，通常會採取比較彈性的教養策略，例如：喝奶大約定量多少即可、副食品飲用日期差個半個月也沒關係、因為要照顧老大正手忙腳亂，所以放著老二暫時哭一下再抱就好了。

相較於對待老大的小心翼翼，在照顧老二時，爸爸媽媽明顯就比較有彈性，因此也對老二的規範與原則就較少，老二更有自由發展的空間；所以老二比較會好奇探索周圍物品，做事情會主動尋求他人幫忙，也比較願意表達自己的想法。

此外，老二也格外會看人臉色（看著老大被處罰，就知道要小心行為）。因為爸爸媽媽可能會處在要同時教養兩個孩子，時間上較為不足，教養的原則也可能會

放得比較鬆，讓老二發展出外放的個性，所以老二就格外會踩爸爸媽媽的規則與界線。

當爸爸媽媽沒有回應老二的需求時，老二比較會採取直接哭鬧的方式，而且老二會覺得自己哭鬧比較有機會達到目的，屬於外放型挫折容忍力。

教養老大和老二，爸媽應有不同策略

面對壓抑型挫折容忍力的老大，爸爸媽媽需要放低標準、給老大比較多的支持與彈性，訓練老大求助的意願以及表達需求的能力；面對外放型挫折容忍力的老二，爸爸媽媽反而需要適時地給予原則與限制，訓練老二自我情緒調適及遵從規範原則。

愛的小叮嚀

老大壓抑與自我要求高，老二外放與挑戰他人界線；老大要給予彈性及支持，老二要給明確規範與原則。

小孩 **2** 歲之後，很多事情都有自己的想法，所有事情都說「不要、不要」，但真的放手卻又擔心他遇到挫折無法處理，身為爸媽應該怎麼辦？

「terrible two」應該是爸爸媽媽會遇到的第一個孩子的叛逆期，青春期則是第二個叛逆期。雖然對爸爸媽媽來說這是棘手的叛逆期，但對孩子來說卻是擁有「身體自主權」以及「心理自主權」的開始。

爸媽放手給孩子身體自主空間

從心理學的角度來看，2 歲是小孩的第一個自我成長階段，小孩因為身體的發展逐漸成熟，能開始控制自己的走路、拿取物品、轉身等行動，於是孩子在掌握身體自主權後，開始想要擁有自主獨立。

所以遇到好奇的東西就會想要自己去碰觸、拿取，這時當爸爸媽媽因為擔心孩子受傷而限制孩子時，孩子就會開始跟爸爸媽媽說「不要、不要」，直到爸爸媽媽

給予足夠的空間後，孩子就會持續想要探索。

建議爸爸媽媽可以先劃定並確認安全範圍，讓孩子在安全區域內探索，例如把遊戲或探索區圍起來並放入安全物件，讓孩子在圍起來的空間中探索。

爸媽提供孩子心理空間自主權

青春期是孩子第二個自我形成的階段，孩子因為成長經驗逐漸累積且在教育中訓練獨立思考的能力，所以孩子開始有更多自己的想法，也開始對於成人的話語有比較多的不確定性。

例如：我們告訴孩子，如果被同學欺負或被同學拿走東西，不能打回去，應該要請老師處理。但是當孩子告訴老師之後，同學卻沒有受到應有的懲罰，讓孩子覺得告訴老師不一定有效；這時孩子會認為自己過往遵從爸爸媽媽的方式，還是會被同學欺負或是大人不一定會好好處理，導致孩子開始不相信大人，於是開始反駁大人的意見與想法。

這是因為孩子的成長經驗形塑了自己的思考與想法，於是開始有自己獨立的思考與選擇判斷能力。此時，爸爸媽媽不要陷入與孩子爭論對錯的情境，而是應

該給予孩子有限的選擇權，但讓孩子在選擇中保有自主決定權；這樣孩子可以感受到爸爸媽媽給予的心理空間，卻又能在爸爸媽媽掌握下進行選擇。

爸爸媽媽在孩子開始追求身體自主與心理自主兩大時期，爸爸媽媽需要陪在孩子身邊給予心理上的支持與情緒調適，同時也逐步提升孩子問題解決的能力，讓孩子未來成為自己問題的專家。

愛的小叮嚀

第一叛逆在兩歲自主期，第二叛逆在青春自我認同；兩歲給安全空間並探索，青春期給有限選擇的自由。

許多孩子上學之後反而變得害怕犯錯，爸爸媽媽要如何觀察孩子的挫折忍受力呢？怎樣的狀態算是挫折忍受力不足？

孩子面對挫折與挑戰的時候，應從三個面向來思考孩子對於挫折的狀態，那就是：「目標情境」、「情緒調適」、「解決問題」。

三大面向了解孩子的挫折忍受力

挫折是因為孩子擔心自己不能達到預期的目標或無法解決問題而來的；因此，面對挫折需要分別提升三大面向能力：前段設定符合自己的「目標情境」、中段則是面對不如預期的「情緒調適」能力、最後是提升「解決問題」的策略與方法。孩子上學後，開始有學習的目標，當孩子成績不理想時，爸爸媽媽可以從上述的三大面向開始檢視：

1. **首先是「目標情境的設定」**：主要是孩子是否願意挑戰或勇於嘗試困難的功課，例如：是否會

刻意避開太難的功課、是否對要用腦筋思考的功課感到興趣。

2. **再來是「情緒調適能力」**：可以觀察孩子能否妥善處理遭受失敗或犯錯時的情緒感受，例如：是否會因為成績不理想而傷心難過、是否會討厭常考不好的科目、成績不好時是否會逃避或沮喪。

3. **最後是「解決問題能力」**：爸爸媽媽可以觀察孩子遭遇學業困難或失敗時，所採取的行動是積極或是消極的態度，例如：會不會盡全力解決課業上的難題、會不會認為訂正錯誤可以學到更多東西、會不會找出並重做考卷或作業的錯誤之處。

愛的小叮嚀

挫折容忍力的三大檢查點，開始時的目標能否前進、中期的自我情緒調適能力，最後能面對並解決問題。

當爸爸媽媽從不同方面去檢視孩子面對挫折的狀態之後，我們就可以分別從這三大方向去幫孩子訓練挫折容忍力，提升孩子面對挫折的勇氣。

Q6 請問人的挫折忍受力是天生個性？還是後天教養造成？孩子從多大開始會感到「挫折」？有教養學派認為嬰兒時期哭鬧沒有獲得安撫，就已經會有挫折感，這是真的嗎？

孩子的挫折容忍力，可能受到先天基因、心理素質等影響，後天的教養環境、學校情境或生理疾病等影響；換句話說，會同時受到先天個性與後天教養的影響，且二者是交互影響而產生的。

當我們在看待孩子的行為或問題時，往往要從「生理」、「心理」與「社會」三大面向來考量與討論；生理包括先天遺傳的基因、生理疾病等；心理包括心理素質、認知思考等；社會則包括後天教養環境、學校情境等，三者之間交互影響形成個人的不同狀態。

孩子挫折容忍力的形成，不會單純只看先天與後天，更會仔細從生理、心理與社會三大因素來觀察。

生理、心理、社會交互影響挫折忍受力

孩子從出生開始就會面臨各種不同的心理挫折，挫折指的是當外在社會環境或內在生理需求沒有獲得滿足的時候，孩子心理就會感到挫折。

就像孩子肚子餓卻沒有被回應，孩子的生理需求並未獲得滿足，孩子就會產生挫折感。

例如：當肚子餓的時候（生理），沒有馬上喝到照顧者（社會）準備的牛奶以滿足生理的食慾，孩子就會因此感受到內心的挫折（心理）而持續哭泣；當孩子看著玩具在前面（社會）且很想要馬上拿到玩具來玩，但是身體肌肉還沒發展好（生理）而拿不到玩具的挫折（心理）；當孩子害怕的蟑螂出現（心理）而大聲哭泣（生理），但是媽媽當時在忙（社會）而沒有馬上聽到哭聲而前去擁抱孩子並立即地安撫孩子，孩子就會因此而內

愛的小叮嚀

挫折容忍力的原因多元，生理的先天遺傳與疾病，心理的特質與認知思考，社會環境的家庭與學校。

心感到挫折；此時，孩子會因為生理需求或環境不如預期，內心面臨挫折的情緒反應。

Q7 為什麼面對挫折的時候，有人會一蹶不振？卻也有人愈挫愈勇？

當我們在面對挫折的時候，內心會經驗到挫折的負面感受，有的人會認為挫折代表的不完美，因為不夠完美就會看見不足的地方；有的人則是會從挫折中去經驗失敗，然後再次挑戰原本的挫折。

因為挫折而一蹶不振的狀態，有可能來自於對於挫折的理解與思考模式，因為感到悲觀，也就容易害怕擔憂再次失敗，害怕陷入無助的感受之中。

負向本能：讓我們習慣看見危機

正向心理學認為，培養樂觀的解釋型態是形成正向情緒很重要的指標；只是，華人傳統的文化習慣「看見不足的地方」，就像看到孩子考了 98 分，會忍不住去看少了 2 分在哪裡，但是，卻忽略了得到 98 分的難得之處！你相信，正因為我們總是看見差了 2 分，導致孩子的挫折容忍力愈來愈差嗎？

演化論提出「適者生存，不適者淘汰」，因為能夠生存下來的生物，無非都能夠居安思危、避開危機，但也因為必須要避開危機才能夠生存，導致我們「習慣」看見「危機」！

因為總是看見「危機」，於是我們會常常看見孩子的缺失，孩子的缺失可能來自於走路不小心而跌跌撞撞、滿身傷痕，孩子的缺失可能來自於把手放到嘴巴而造成肚子疼痛、腸胃發炎，孩子的缺失可能來自於考試粗心而遺失分數、名次落後……，當我們為了避免危機而時常看見孩子的缺失與不足，反而讓孩子覺得自己不夠好，甚至覺得自己很多事情都辦不好、容易放棄原有的能力，愈來愈懷疑自己，以致於愈來愈沒有自信！

正向看待：抗衡演化練習樂觀思考

如果我們希望孩子變得有自信，就需要學習改變以抗衡演化的結果，透過學習正向的解釋與看見讓孩子相信自己是有能力的人；這真的不容易，因為要挑戰演化、改變我們從小到大的習慣，讓挫折不單單只是失敗的經驗。

抗衡演化並不代表抗拒挫折，因為長期以來都看見自己的不足，所以我們會懷疑自己是否有足夠的能力因應挫折與挑戰；然而，我們不要讓自己卡在挫折的經驗中，反而需要陪孩子去看待自己在挫折中的學習與成長，讓挫折不再只是挫折，而是成為成長與學習的寶貴經驗，讓自己未來在因應挑戰時，反而更能夠從舊有的經驗中學習。

　　太多挫折能讓我們習得無助感，既然無助可以學習，樂觀當然也是可以學習，正向心理學提及人可以從生活中的認知練習來習得樂觀。

愛的小叮嚀

演化讓我們看見不足處，進而能夠生存與不被淘汰，學習看正向並抗衡演化，練習樂觀思考並挑戰演化。

Q8 請問有挫折感就是不好的嗎？
還是其實學會面對挫折，
反而能讓孩子成長得更快呢？
爸爸媽媽需要為了讓孩子有自信而
刻意避免孩子遭遇挫折嗎？

　　面對挫折最好的狀態是，讓孩子可以「與挫折共處」，包括接受因阻礙而須「延宕得到滿足（延後達到目標）」的事實，具備承受挫折的能力。

　　有的爸爸媽媽因為擔心孩子未來在面對挫折的時候，會因為挫折而站不起來，所以就想要在孩子的成長過程給予較多的挫折；舉例來說，曾有家長說「未來工作會有很多挑戰，所以我們在家就要常常罵他、挑戰他，這樣未來在學校或工作職場才能不被挫折擊垮。」

過度挫折會喪失自信，
過少挫折則缺少成長機會

　　雖然挫折容忍力可以訓練，但是如果天天都給予孩子挫折，卻沒有提供孩子足夠的策略與方法，孩子慢慢

就會發現「自己好像做任何努力都無法達成目標」、「就算再怎麼努力都還是會被罵」，長期下來，孩子只會學習無助的感受，更會讓孩子愈來愈沒有自信。所以，適當的挫折雖然可以培養孩子面對挫折的能力，但是過量或過多的挫折卻會讓孩子喪失面對挫折的勇氣。

反觀，有的爸爸媽媽因為擔心孩子會被挫折擊垮，會避免孩子經歷挫折，所以很多事情都會幫孩子做決定與選擇，避免孩子經驗到挫折；舉例來說，曾有家長說「我就是怕他會受傷，所以每次孩子拿玩具的時候，我就會提醒他要經過大人教導才能玩，才不會破壞玩具或玩到受傷。」

適時挫折才能讓孩子真正成長

雖然我們都會擔心孩子受傷或碰到危機，但是過多的保護或提醒，只是讓孩子在「假」的世界裡成長，反而喪失面對挫折的學習經驗。孩子未來進入校園，還是會遇到考試考不好、下課還想玩卻要回教室上課的狀態，依舊還是會有很多不如預期的情境。

所以，家長也必須適時給予孩子限制，拒絕孩子無理的要求與期待，這樣孩子才能夠學會面對非預期的情境。

培養面對挫折的能力，包括能承受挫折情境的打擊且維持良好的心理狀態、擁有正向樂觀的解釋型態、提升問題解決能力，以及具備從挫折創傷中復原的能力。當個人具備與挫折共處與面對挫折的能力，才能夠在未來的人生旅程中，成為解決自己問題的專家。

愛的小叮嚀

　面對挫折是與挫折共處，接受挫折不代表一蹶不振；
面對挫折提升自我效能，孩子成為自己問題的專家。

Q9 如果孩子已經步入青少年才發現 有挫折忍受力低下的問題， 爸媽可以怎麼做？

　　青少年進入自我認同發展階段（大約國小高年級至大學階段），對生活與學習有自己的想法，往往也會更加挑戰爸爸媽媽的思考模式。

　　此時，爸爸媽媽給予孩子的意見，孩子不一定會接受，因此，當爸爸媽媽看到孩子遇到挫折困難，想給予建議，卻又因為孩子正面臨「叛逆期」反而不知道如何與孩子對話。

　　青少年陷入親密與獨立的矛盾，雖然生活上依然需要依賴爸爸媽媽的經濟支援，但是另一部分又有自己獨立思考的能力，因此青春期的孩子會面臨到底該聽爸爸媽媽建議、還是依照自己想法行動的兩難。

　　而爸爸媽媽也會陷入親密與獨立的兩難，爸爸媽媽會想要給孩子建議，又擔心孩子故意唱反調，所以就不知道該不該給意見。

給孩子選擇空間，降低挫折風險

其實，爸媽不妨從以下三個方向思考如何給予建議：

1. **目標情境的設定：**鼓勵孩子設定符合現實的目標，減低設定過於理想化或不符合個人現實狀態的目標，減低「理想我」與「現實我」之間的差距；讓孩子可以逐步完成目標，並提升自我效能感。

2. **情緒調適的能力：**建立樂觀的心態，讓孩子對於生活中的挫折認定為「暫時性、特定性」的經驗，未來依然有邁向成功的樂觀思考。孩子過往面對太多挫折會認為自己能力不足，然而擴大孩子看待事情角度或拉長時間軸來觀察，挫折只是暫時性的狀態，依然可以走過挫折。

3. **解決問題的能力：**爸爸媽媽給予選擇題，而不是給予是非題與問答題。青春期的孩子如果給予太多建議，孩子為了證明自己長大獨立而會故意唱反調，此時，爸爸媽媽可以提供選擇題，選擇題代表「給予孩子一些方向，但卻讓孩子做最後的選擇」，爸爸媽媽可以避免陷入與孩子之間的爭吵，因為爸爸媽除了給予選

擇，也能夠增加與孩子討論不同選擇的內容，孩子未來遇到不同的困難與挑戰，也會願意跟爸爸媽媽討論或是練習爸爸媽媽過往陪伴選擇的過程，讓自己有更多思考的方向。

愛的小叮嚀

青春自我認同難以掌控，孩子從親密到期待獨立，調適孩子理想現實距離，先調適情緒再解決問題。

讓孩子願意接受挑戰

（挫折情境篇）

孩子動不動就哭？孩子怎麼不肯堅持？是
因為目標太高？和爸媽的期待不同嗎？

當爸媽發現孩子可能遭遇挫折的時候，最
重要的幫助，就是理解孩子的挫折情境，
幫助孩子認清目標與現實間的差距，孩子
能力與預期成效間的距離，如此才能幫助
孩子從挫折中恢復自信！

1 為何孩子出現自我傷害的行為？ →什麼才是真正的好？

　　小權上了高中後，只要考試成績不如預期，小權就會失控地捶打自己的頭或是撞牆壁，媽媽注意到小權的情緒一再失控，擔憂小權會無法承受接下來高中的學習課程。

　　小權來諮商的時候說：

　　「我常常都覺得不夠好，我覺得只要自己再認真一點，就不會錯在這些小地方了。」

　　「媽媽都會跟我討論我哪邊做錯了，但是我就還是會粗心。」

　　「當我考不好，我總是覺得自己好笨，為什麼每次都錯在這些簡單的地方，這樣會不會考不上好的大學？」

　　「當我一直覺得自己很笨，我打完自己的頭就會比較好，這樣才不會覺得自己好像什麼都不行。」

「如果可以的話，我想要讓自己可以聰明一點。」

小權總是擔心自己不夠好，當小權在學業上愈來愈挫折，甚至於有一點點的錯誤就會擔心，隨時在檢討自己不夠好，甚至覺得自己很粗心大意，一直在責怪自己。

小權媽陪小權來諮商時，是這麼說：

「他現在才一年級，他已經錯過國中升上好高中的機會了，現在高中就是要把每一科都考好，我看過一些原本很優秀的學生，就是不努力，最後就很可惜。」

「他的學習態度很不好。他應該時刻都很努力，我覺得我不能稱讚他，這樣的成績還不夠好。」

愛的小叮嚀

孩子總是覺得自己不夠好，孩子覺得自己不夠好而自責；爸爸媽媽擔心孩子會鬆懈學習，所以不敢告訴孩子夠不夠好。

爸爸、媽媽、孩子達不到彼此標準，你猜我想，不知道什麼是「好」。

「如果他考試考好了，我也不能告訴他，他這樣才會繼續努力，之後才可能再進步，保持良好的學習態度。」

「他應該隨時注意他讀書的態度，態度好，成績才會好。」

在跟小權媽進行家長諮詢的過程中，可以發現小權媽一直對小權的學習很謹慎，因為媽媽曾經錯過了小權的國中學習，所以一方面幫小權訂定高標準；另一方面還會不定時地提高標準，希望小權可以維持良好的讀書態度與習慣，不能有鬆懈的時刻。

當我分別與小權及小權媽進行會談過後，我聽見了小權的自責，也聽見小權媽的期待與要求；於是開始認真思考，到底什麼才是真正的「好」？

什麼才是真正的「好」

每個人對於「好」的標準不同，小權覺得自己「考試不能有錯」就「好」，小權媽覺得「隨時謹慎」才是「好」，甚至「好，還要更好」。

爸爸媽媽跟孩子的標準不一樣，孩子覺得自己很努力讀書了，但是爸爸媽媽總是覺得還不夠好，孩子就算

再怎麼努力都不夠好！這樣無止盡的「好」，無止盡的標準與要求，不自覺卻成為孩子最深的負擔與壓力。

這就像是，很多爸爸媽媽都會跟孩子說，「看你的態度，來決定你的表現優異。」有時候聽到「態度」兩字，我也都覺得是個好沉重的負擔！因為，每個人對於「態度」的標準都不同；甚至，有的時候還會偷偷調整有關於態度的標準，或是一直提升要求！

比如說，孩子覺得「讀書 30 分鐘」就是有讀書的態度，但是爸爸媽媽覺得要「讀書 1 小時」才是有讀書的態度；也有爸爸媽媽會覺得「作業、評量要全部都寫完」才算有讀書的積極態度！每個人的標準都不一樣，究竟怎樣才算是有讀書的「態度」呢？又怎樣才算是「好」呢？

在後續的諮商中，我開始與小權討論「好」的標

愛的小叮嚀

「好」是一個很模糊的標準，考試考多少分才是「成績好」？讀書多久時間才是「態度好」？每個人都有不一樣的標準，你的好跟我的好都有不同的距離。

準；這一次的遊戲治療，小權剛剛好捏了一個寶可夢的神獸——夢幻（黏土為表達類玩具，請參見《用遊戲陪伴孩子走過情緒風暴》第 2 章）。

小權：「我覺得夢幻還不夠好，應該要變成超夢才夠強。」

我：「你覺得夢幻還不夠好，但是夢幻已經是神獸等級了耶！」

小權：「我覺得夢幻雖然很厲害，但是還不夠強啊！應該要跟超夢一樣，他其實是夢幻加上機器人的實力。」

我：「但是，夢幻已經很厲害，可以變成很多不同的寶可夢，蠻不容易的耶！」

小權：「我雖然覺得夢幻很厲害；但是，我也會想要再變成更厲害的超夢！」

我：「能當神獸已經很厲害了，他也有很多很厲害的招式喔。」

小權：「對呀！他的招式很厲害耶！雖然，我覺得要變成最強的——超夢，才是最好的；但是，有時候也好累唷！」

我：「當我們一直覺得自己要變成最強的人，永遠都會覺得自己不夠好；但是，夢幻其實已經做到很多別的寶可夢做不到的事情了！」

小權：「其實……當夢幻已經很不容易了！也已經夠厲害了。老師，我覺得我還是先當夢幻就好了，並不是真的要當超夢才夠棒！」

小權最喜歡的寶可夢代表對自己的期待，小權對夢幻的期待，正如同小權對自己的期待一樣高；在諮商的過程中，當小權已經看到夢幻的不容易，也代表小權慢慢看見自己對於讀書的用心以及自我標準過高，所以小權開始回應自己的努力跟用心，放開自己訂定的高標準。

在跟小權媽媽諮詢的過程，我也開始跟媽媽談起小權的用心與努力。

愛的小叮嚀

孩子因一直追求高標準，而成為自己內心的負擔。爸爸媽媽可鬆動孩子的高標準，讓孩子看見自己的好以及努力。

小權媽媽：「其實，他上次考試已經是全班前三名，我覺得他好像還可以做更好；就一直希望他繼續努力。」

小權媽媽：「我很擔心他掉以輕心，如果再跟國中一樣的話，最後會考不上好的大學，所以我一直不敢給他太明確的標準，希望他繼續努力。」

我：「小權因為不知道標準在哪裡，所以一直努力想得到肯定，才會開始有自責的情緒，甚至傷害自己的行為。」

小權媽媽：「這不是我原本的意思。我只是希望讓他更加努力。」

訂定具體且可行的標準

小權媽媽其實是因為擔心小權會掉以輕心，就一直幫小權訂定標準，不自覺地提高標準。然而，小權卻一直不知道媽媽心中認為的「好」在哪裡，所以只要一有不好就責怪自己；一直擔心無法達到媽媽的標準，總是謹慎、小心、害怕、擔心自己不夠好。

既然爸爸媽媽與孩子對於標準無法明確表達，尤其是不知道怎樣才算是真正的「好」。爸爸媽媽何不考慮

就直接告訴孩子具體且可行的範圍或目標，例如：「讀書寫作業的時間要能夠在 1 小時內完成，這樣就是讀書積極態度」的展現！或是直接告訴孩子「只要能夠考到比上次成績進步 3 分就是好」、「到學校詢問老師評量的範圍，並自己把問到的內容寫在聯絡簿上……這就是讀書的積極態度。」

只要有具體可行的任務，孩子就能適時展現自己的積極態度、同時也能夠理解爸爸媽媽的標準在哪裡，大人也可以看見孩子的努力與改變。

小權：「媽媽跟我說，『這次只要比上次進步 0.1 分以上就可以了！因為高中都還有倒扣！』」

小權：「雖然我國中考高中有失誤，但是媽媽說：『考試有達到班上前三名，那就代表我已經很努力了！』」

愛的小叮嚀

訂明確且清晰的標準分數，給孩子確定的讀書時間長，最好讓每個標準都有數字，孩子才知道如何邁向「好」。

小權：「其實，我原本很擔心自己很差。但是，我後來仔細想想我的成績，我也考到全校第 15 名，也沒有這麼差。」

小權：「我也不一定要考最高分的。這次考試本來就比較難，全班只有 1 個 80 分以上，媽媽說：『只要達到 60 分就已經很好了』。」

小權：「我發現其實也沒有一次考不好就都會考不好；我還是全班前三名啊！」

當爸爸媽媽慢慢瞭解到，不再用「態度」或「好」來框住每個人的標準，孩子就能夠慢慢踏實地往目標邁進；當媽媽給予明確的指標，告訴孩子自己的進步與努力，孩子就會知道自己可以如何達成目標。

模糊的「態度」與「好」，對孩子來說，真的好難猜測，而且孩子永遠都達不到標準，絕對會讓人習得無助，然後孩子就會自責自己總是不夠好！

當我們設定符合孩子的學習標準，降低孩子的習得無助感之後，更需要給予孩子具體可行的目標，讓孩子能夠調整自己的狀態，並且達到自己具體可行的方向；當孩子達到目標後，爸爸媽媽也必須減少無限上綱地調整目標，讓孩子可以適時感受到自己的成功經驗，並持續向前邁進唷！

練習確認「好」的標準

每個孩子都有不同的狀態，不一定要成為龍鳳才是「好」的表現，所以我們必須幫孩子訂定具體的標準，說出真正的「好」。當爸爸媽媽能夠列出具體的目標，才能降低不切實際的目標與要求，爸爸媽媽可以嘗試在每個標準中加入「數字」，藉此給予孩子明確的方向。

以下有幾個讓爸爸媽媽可以思考「具體可行」的目標，請勾選適合的答案：

1. 怎樣才是「準時上學」？

　　□每天都提早到學校　□每天上學不遲到　□每天 7:20 到校

2. 怎樣才是「愛整潔」？

　　□每天都乾乾淨淨　□不可以太髒亂　□周圍撿 20 張紙屑

3. 學習態度要「好」？

　　□每天都不能放鬆　□回到家就要唸書　□每天念書 1 個小時

試試看，有「數字」在其中的標準：

1. 怎樣才是「早點上床」？

　　例如：今天早上　　　　　點起床

2. 怎樣「寫作業速度快」？

　　例如：作業　　　　小時內完成

3. 怎樣才是「成績好」？

2 為何孩子容易放棄？
→認識「習得無助感」

　　小芳的媽媽帶小芳來諮商，因為小芳已經好幾個月都不想上學。高一上學期還很努力讀書，但是到了高二上學期後，每次上學時間，小芳就頭痛不舒服，平常在家也是一直滑手機，好像做任何事情都可以，就是不想上學。媽媽很擔心小芳的狀況。

　　小芳進入諮商室的時候，對於學習完全沒有動機。當我們在經過前面幾次建立關係後，小芳慢慢聊起她對於學習的想法。

　　小芳：「我國小跟國中都喜歡去學校，但是我現在就不想去；我覺得學校好無聊喔！而且每天為什麼要一直讀書，讀書到底有什麼用？」

　　我：「你好像找不到讀書的意義？」

　　小芳：「對啊！我又不是姊姊，姊姊成績就很好啊！我成績就是沒辦法像她一樣，那我為什麼要讀書？」

我：「姊姊好像成為你的學習目標。」

小芳：「姊姊的成績很好，所以她念了醫學系；我也想要念醫學系，但是要讀醫學系就必須每次都全班前三名！」

我：「你覺得自己成績要夠好，才有機會讀到醫學系。」

小芳：「對啊！我原本高一就很認真讀書，我也覺得自己認真就可以成績很好，但是，我總是考在全班20名左右；媽媽說，如果我高一不加油，以後就會愈差愈多，那就不可能跟姊姊一樣了！」

小芳：「我已經努力了，但是就沒辦法成績很好，所以我就更不想去學校，好像只有唸書才是最好的。」

理想與現實的差距有多大

當理想與現實之間有太大差距時，會讓我們覺得無論如何努力都不易成功，長時間下來就容易讓人產生「習得無助感」，也因為長期處於習得無助感中而會讓自己放棄！

諮商室中的小芳原本對學習保有熱忱，但因為設定的目標為醫學系，與小芳原本的學習狀態有較遙遠的距離，反而成為學習上的壓力。

　　若是爸爸媽媽給孩子的目標太過於崇高，例如孩子考試只有二十名左右，爸爸媽媽卻要求孩子考前三名，二十名與前三名之間的遙遠距離讓孩子不容易達到目標。

　　當孩子長期下來發現目標太遙遠，就會發現自己無論怎樣努力都不會成功，就會乾脆選擇放棄，太多的「習得無助感」孩子就會不願意嘗試且容易放棄；因為孩子不覺得自己有足夠的現實能力達成理想目標，「現實我」與「理想我」之間太遙遠而產生「習得無助

愛的小叮嚀

習得無助感來自理想與現實之間的過大差距，爸爸媽媽或孩子幫自己設定過高的學習成長目標，因為目標太遙遠而不符合孩子的實力狀態時，孩子會因為長期一直達不到目標就習慣放棄，長期下來就產生「學『習得』來的『無助感』受」。

感」，讓孩子也愈來愈沒有自信了！

何謂習得無助感？

在心理學領域有個很有名的「習得無助感（learned helplessness）」實驗，該實驗是賓州大學心理學系賽利格曼（Seligman）教授於 1976 年所進行的實驗，他們將一隻狗關在籠子裡，並直接給予電擊。

剛開始的時候，小狗因為受到電擊而感到不適，所以用盡全力地想要逃走，但是卻沒有任何方法可以逃離籠子，小狗只能無助地接受電擊；但當愈到後面的實驗，小狗顯然地開始停下逃離的動作，直接就待在籠子裡面，無助地等待被電擊，也逐漸放棄逃走的動作與行為，最後連試圖避開電擊的動作也不再出現。

從以上的實驗中，可以很明顯地看見小狗從想辦法努力、到逐漸停下動作、再到完全放棄動作，主要來自於小狗知道要逃離籠子是不可能的目標，最後才會選擇放棄。而這樣的無助感，是在一次次地挫折中出現，也同樣在一次次地嘗試逃離與失敗中練習得的，小狗慢慢「學習到無助感受」，這也就是「習得無助感」的由來。

小芳說：「爸爸媽媽會希望我至少可以考到 80 分，

你知道 80 分有多困難嗎？我們班上也不過只有 10 個人有機會耶！」

我再次回應小芳：「你知道要考到 80 分是不容易的。」

小芳說：「對啊！當我沒有考到 80 分，爸爸媽媽就不讓我上網、玩手機，我覺得我連最基本的休閒娛樂都沒有了。而且，我現在的成績只有兩科 60 分以上、兩科有 40 分，其他就慘不忍睹耶！那怎麼可能啊？」

小芳說：「我還是放棄不要讀書好了，反正我還差那麼多！我都念不來，我就擺爛到底。反正，我怎麼努力也達不到標準！那就放棄吧！」

孩子與爸爸媽媽的習得無助感

小芳長期處在習得無助的狀態時，就很容易呈現「擺爛」的狀態，就跟實驗中的小狗一樣，因為孩子覺得自己再怎麼努力都無法達成爸爸媽媽的目標，因為產生習得無助感，所以孩子就真的放棄自己。

我在跟小芳的爸爸媽媽進行家長諮詢的時候，讓爸爸媽媽了解到小芳的習得無助感。同時也提醒小芳的

爸爸媽媽，小芳在面對爸爸媽媽親所設定的前三名且每科都要及格的高標準，初期小芳會想要嘗試達到目標；但是長期下來，小芳發現落差太大，一次次地努力與用功卻依然無法達到時，小芳開始感到挫折與無助，開始知道那是一個很難達成的目標。

小芳的爸爸媽媽在面對小芳的狀況時，一定嘗試了各種方法與小芳溝通，但是總會不明白為什麼提供孩子各種方法後，孩子還是選擇網路世界和逃避，爸爸媽媽再而三地與孩子溝通，但是改變依然有限時，爸爸媽媽可能也會為此感到挫折與無力，所以爸爸媽媽的習得無助感也產生了。

在諮商的情境之中，常常遇到很多習得無助的爸爸媽媽、以及習得無助的孩子，當爸爸媽媽被習得無助曼

延的時候，最常出現的話是「我再也不要管他了，反正都是他不想改變！我還是放手、讓他自己去吧！」其實，我們「大家都習得無助」了！

青春期的孩子逐漸具備自己的思考與想法，爸爸媽媽反而要能夠理解孩子長大且期待獲得獨立自主的慾望，正如同我們在青春期也會想要脫離爸爸媽媽的掌控。此時，我最常告訴爸爸媽媽，我們過去選擇緊緊抓著孩子的手，希望帶著孩子往前走；當孩子已經長大，面臨無助狀況時，我們不一定要從緊緊抓著變成直接放手，如果可以，讓我們從抓手走向牽手，再慢慢放手。

帶孩子經驗成功並重獲自信

經過幾次的晤談，我與小芳爸爸媽媽一直討論孩子的習得無助感，並且與爸爸媽媽共同思考如何讓孩子減低習得無助的感覺；在隔了兩週的晤談後，爸爸媽媽主動跟小芳提出「段考 60 分的目標」且「每週至少上學 3 天」。小芳開始拿起書本，開始願意去上學，開始寫完功課，開始努力地完成每一項學校作業。而小芳的回饋開始越來越正向：

「我覺得上學 3 天還可以，至少可以有 2 天的彈性。」

「我覺得 60 分的標準好像比較有可能耶！」

「我就先挑我比較喜歡的課去上，至少不會討厭學校。」

60 分是孩子比較容易達成的目標，當爸爸媽媽調整自己的理想標準到 60 分，孩子開始會覺得自己是可以努力且有機會獲得成功的，如此一來，孩子就會更願意嘗試，相信自己有能力達到目標。

當孩子已經積累到 60 分的實力，並且至少有一個月都能維持這樣的標準，孩子就會開始相信自己有機會達到目標。此時，爸爸媽媽再跟孩子討論，是否可以慢慢調整目標到 70 分，孩子就再繼續努力提升自己的實力達到下個目標，在達到目標之後再微調小目標，慢慢提升至 80 分！

一次一次 10 分的小目標讓孩子願意接受挑戰，孩子就會持續努力且習得樂觀！同樣都是 80 分的目標，但是爸爸媽媽讓孩子「經驗成功」感受，孩子就會相信成功總是會發生且也會學到樂觀思考，相信自己是個有能力的人，讓孩子越來越有自信！

這一刻開始，爸爸媽媽重新看見認真向學的小芳，而小芳也相信自己有機會達到自己的目標……。

挫折練習小學堂

練習減少「習得無助感」

每個人在面對挑戰時,初期都會躍躍欲試,想要挑戰看看是否能跨越障礙;但是,如果理想目標跟現實能力落差太大時,就會產生理想與現實的差距,長期下來就會出現「習得無助感」。面對習得無助感,建議可以思考孩子的實際狀態,然後調整理想目標,讓孩子覺得自己有能力達成,藉此提升自我效能感。

以下有幾個讓爸爸媽媽可以思考「習得無助感」的狀態,請進行以下的問題勾選:

1. 孩子被老師罵過之後,每天不敢進教室上課,哪一種狀況比較容易讓孩子習得無助?

   ☐ 先上喜歡的課程

   ☐ 一天先上 3 堂課

   ☐ 每節課都要在教室上課

2. 孩子常常寫考卷寫到一半就放棄不寫了,哪一種狀況比較容易讓孩子習得無助?

   ☐ 每一題都要全對

   ☐ 錯一題也沒關係

   ☐ 有不會寫的先跳過,晚點再回來練習

3. 孩子考試常常都考 60 分，哪一種目標比較容易讓孩子習得無助？

　　□先設定 65 分的標準

　　□考試要先寫完考卷

　　□每科考試都要 95 分以上

試試看，爸爸媽媽可以如何協助孩子設定目標（先設定小目標 1，再設定小目標 2），降低習得無助感：

1. 孩子考試常常都考 50 分，如何設定孩子可以達到的小目標？

　　例如：小目標1：考試 55 分；小目標 2：考試 60 分。

　　爸媽練習：小目標1：考試　　分；小目標 2：考試　　分。

2. 孩子數學功課一個月未交且未完成，如何設定孩子可以達到的小目標？

　　例如：小目標1：先完成 2 天作業；小目標 2：先完成 5 天作業。

　　爸媽練習：小目標1：　　　　　；小目標 2：　　　　　。

3. 孩子覺得自己全班都沒有好朋友，如何設定孩子可以達到的小目標？

3 如何幫助孩子設定目標？
→理想我 v.s. 現實我

　　小浩剛踏入諮商室時，只要談起自己的高中生活總是無止盡地嘆氣。

　　小浩說：「我已經很努力在讀書了，但是作業還是每天寫不完；老師教的內容真的太難了。」

　　我回應小浩：「你覺得自己總是無法完成作業。」

　　小浩說：「是啊！我就是覺得作業超級多，我們老師是教資優班的，教的題目很多，而且題目都跟資優班的一樣，我都不會寫。」

　　我再次回應小浩：「你知道要考到 80 分且作業都完成是不容易的。」

　　小浩：「你知道嗎？我除了寫作業、考試要每科 80分，然後還要每天背單字、背地理、背歷史，高中也太難了吧！」

　　我：「你覺得要背的科目也很多，高中的學習讓你

很挫折。」

小浩：「對呀！我還是放棄、不要讀書好了，反正我還差那麼多！我都念不來，我就擺爛到底。反正，我怎麼努力也達不到標準！那就放棄吧！」

小浩是個第一志願高中的孩子，爸爸媽媽對於孩子就讀第一學府感到無比榮耀，但是進入第一志願卻也成為孩子的另一個壓力來源；因為孩子在國中都是班上前三名的學霸，而高中第一志願都是各國中最優秀的孩子，然而爸爸媽媽依然對於小浩抱著相同的期待。

小浩的爸爸媽媽一開始幫小浩設定的目標很多，因為爸爸媽媽覺得小浩都可以跟國中一樣達成目標；但是，高中學習與國中經驗有很大的落差，對於小浩來說是極難達到的目標。小浩覺得目標太多且太困難，因為很難全部達成乾脆就選擇放棄。

化成具體可行的目標，縮短理想與現實距離

在諮商過程中，我開始與小浩討論他的困難與狀態：

小浩：「我最近很生氣一件事：如果我英文要補考，爸爸媽媽就要扣我 50 元的零用錢。」

小浩：「英文單字很多，我已經在努力背了；50元是我辛辛苦苦存一個禮拜的零用錢耶！」

我：「你覺得一次要扣50元，真的太多了！」

小浩：「對呀！我覺得我做不到，我還是放棄吧！」

我：「你覺得一次扣50太多，所以你就想要放棄！那我們想想怎樣比較會讓你想要試試看？」

小浩：「我就是覺得我做不到呀！」

我：「如果說，扣50元真的覺得太多，那如果扣20元呢？」

小浩：「我覺得扣20元還可以接受。」

我：「那不如我們試試跟爸爸媽媽討論，差50分就扣50元，差40分就扣40元……差20分扣20元，差10分扣10元……差5分扣5元，差2分扣2元，差1分扣1元呢？」

小浩：「這樣還不錯，那我還會想要讀書、背單字。」

當設定的目標太高且理想過高，對於孩子來說容易產生「習得無助感」，但只要縮短理想與現實的距離，甚至於取得過成功經驗，反而能讓孩子重新燃起希望。

就像小浩已經開始努力想要讀書了，爸爸媽媽可以再結合具體且可行的小目標，讓小浩覺得扣 10 元比較能夠接受，就能在小目標中增加讀書動力。

從習得無助感中重新獲得掌控感

1976 年的習得無助感實驗，讓我們看見小狗被電擊後，因無力逃離帶來的習得無助感。經過三十年之後的 2016 年，賽利格曼再次進行了另一項實驗。

原本被電擊的小狗，前一晚不斷受到電擊，產生強烈的焦慮感和壓力，出現哺乳動物的自然反應──抑制反應（inhibit control）；但是，當小狗在前一晚重新練習用鼻頭控制情況，牠們學會「控制」，因此超越「沒反應」，而作出正常的躲避；小狗經過一晚的練習和學習，小狗學會控制自己的身體反應，進而獲得了「希望

愛的小叮嚀

縮短理想我與現實我的距離，從現實狀態中重新創造成功經驗，讓孩子回復自己的信心與掌控感，再一步步地築夢踏實、真真實實地往理想我邁進。

感迴路」。亦即當事件重新獲得控制感之後，就能重新找回自己的發展與動力。

小狗重新經驗成功即能感受到自己的能力，換句話說，當縮短了理想我與現實我的差距時，個人比較有機會能夠達成目標。

因為透過自身努力而接觸到成功經驗，也因為成功經驗的次數愈來愈多，讓我們相信成功總是會出現的。多次成功經驗的積累，讓我們產生「習得樂觀」，同時也讓我們重新建立對未來的希望感受！

帶孩子設定具體可行的實踐方式

在家長諮詢時，我讓爸爸媽媽了解習得無助感的由來，說明為什麼小浩總是感到無力而想要放棄；爸爸媽媽初期無法完全理解小浩的困難，但是當爸爸媽媽開始降低自己的標準，也願意接受孩子提出的「不同分數、扣不同的金額」之後，孩子就開始往目標邁進。

小浩：「我想要慢慢減少被扣的錢！」

我：「好呀！那我們接下來討論看看如何『少扣一點錢』。」

小浩：「對啊！我覺得可以少扣一點錢就太棒了！」

```
1  2  3  4     5        6        7  8  9      10
─────────────────────────────────────────────────►
              背10個   背10個+              每天背
              單字     寫下單字             100個單字
```

我：「假設我們畫成一個長長的尺，10 分代表最完美的狀態，1 分代表最不好的時候，你覺得怎樣是 10分？」

小浩：「10 分就是要全對，這樣每天至少要背 100個單字吧，我覺得太難了！」

我：「那你覺得自己想要達到多少分？」

小浩：「我比較希望可以先達到 6 分的狀態，之後再想辦法 8 分的狀態。」

我：「那你覺得現在的狀態是幾分？」

小浩：「我現在大概 5 分的狀態，大概就是每天背10 個單字，但是不夠熟。」

我：「6 分跟 5 分的狀態，中間差了 1 分的狀態，那是怎麼背單字呢？」

小浩：「我現在大概每天念單字跟字母，大概會背10 個。」

我：「背 10 個單字是 5 分的狀態，那你覺得邁向 6

分的狀態，可以多做些什麼？」

小浩：「我好像可以用寫的吧！我看有的同學會寫下來，好像有用！」

我：「你覺得可以嘗試寫單字方式，增加自己的熟練度。」

小浩：「對呀！我好像可以試試同學的方法，先背10個單字並把它寫下來。」

經過了這次的晤談，我與小浩討論具體可以達到的目標及方法；小浩開始每天自動自發地寫完功課、開始自動自發地讀書、努力地完成每一項學校作業。

當爸爸媽媽調整自己的理想標準之後，孩子也開始有更具體前進的方向了。我們陪伴孩子去看見不同分數的距離後，帶領孩子討論具體可行的目標，逐漸陪孩子去尋找比較容易達成的目標，當孩子覺得自己是可以努力且有機會獲得成功的，孩子就會更願意嘗試。

從孩子原本就具備的方法後，我們再協助他增加一點點可以具體實踐的策略；這對於孩子來說，能重新獲得讀書的掌控感，也相信自己有能力達到目標。這也代表孩子重新獲得自我行為的掌控感，並且願意持續努力。

當孩子已經積累到 6 分的狀態之後，此時，爸爸媽媽再慢慢調整目標到 7 分的狀態，並且跟孩子討論可以如何增加提升的方法後，孩子就再繼續努力提升自己的實力以達到下個目標。在達到目標之後再微調小目標，慢慢提升至 8 分的狀態！……一次一次 1 分狀態的小目標能讓孩子願意接受挑戰，並持續努力且習得樂觀！

同樣都是 80 分的目標，但是爸爸媽媽讓孩子從小目標中去嘗試有效的策略與方法，帶領孩子再次好好去經驗成功的感受，孩子就會相信成功總是會發生且產生習得的樂觀，相信自己是個有能力的人。

這一刻開始，爸爸媽媽再次看見跟國中一樣開始願意讀書的小浩，而小浩也相信自己有機會達到自己的目標……。

愛的小叮嚀

爸爸媽媽願意針對孩子狀況設目標，孩子感受到爸爸媽媽的放鬆與彈性，孩子也會調整自己的期待目標。從適切的目標中看見明確方向，孩子相信自己有機會達到目標，跨越習得無助提升自我效能感。

挫折練習小學堂

練習縮小「理想我與現實我」的目標差距

為了轉化成具體可行的執行目標，以下將有兩個練習。階段一，爸媽練習「縮短理想與現實差距」的親子對話。階段二，協助孩子設定一步步前進的具體目標。

階段一：請爸媽從以下兩個情境中，分別勾選出能幫助孩子「縮短理想我與現實我差距」的說法：

1.「孩子覺得自己每天要念書 2 個小時，但是往往只念 40 分鐘就放棄」時，爸媽可以說：

　　□ 上整天課已經很累，回家念書 30 分鐘，代表你很努力。

　　□ 不管上課再累，你都要坐滿 2 小時，代表你有在用功。

2.「孩子要整理房間，但是目前只整理好書桌」，孩子說：「好多喔！我覺得我整理不完！」這時爸媽可以說：

　　□ 你本來就該整理好房間，不要拖拖拉拉，一鼓作氣完成。

　　□ 你已經整理好書桌，明天再整理書櫃，一天一點來完成。

階段二：父母可以協助孩子設定不同的階段目標轉換成量尺數字，幫助孩子縮短理想我與現實我的差距：

1.「孩子希望每天念書 2 小時，但是往往只念 40 分鐘就放棄」，將目標轉換成量尺數字。

　　1　　2　　3　　4　　5　　6　　7　　8　　9　　10　→

　　　念書 30 分鐘　　　　　　　　　　　　　念書 2 小時

如果每天念書 2 小時代表滿分 10 分，但是現在念書 30 分鐘代表 3 分，如果是 5 分的標準，你覺得是念書多久的時間？

_____

如果是 4 分的標準，你覺得是念書多久的時間？

_____

假設我們現在先達到 4 分，也就是念書 45 分鐘，你如何從 30 分鐘變成 45 分鐘，如果只要增加 15 分鐘，你覺得只要多做些什麼事情，就可以增加時間呢？

2.「媽媽希望孩子把房間全部整理乾淨，但是孩子只整理了書桌就停下來，然後一直說自己不可能全部整理完畢」，將目標轉換成量尺數字。

| 1 | 2 | 3 | 4 | 5 | 6 | 7 | 8 | 9 | 10 |

只整理書桌 　　　　　　　　　　　全部房間都整理

如果房間全部都整理代表滿分 10 分，但是現在只整理了書桌代表 4 分，如果是 5 分，你覺得是多整理了哪些地方？

_____

如果是 4.5 分，你覺得是哪個地方整理好了？ _____

假設我們現在先達到 4 分，也就是整理好了 _____，

你要增加 0.5，你覺得你只要多做些什麼事情，就可以完成呢？ _____

3

讓孩子擁有
良好情緒狀態

（情緒調節：行動篇）

在孩子遭遇挫折後，往往會採取不同的情緒態度，有的可能是消極、有的可能是拖延，或是以憤怒、不妥協來回應，但爸媽如果被孩子的情緒拉著走，反而忽略了真正的問題點，孩子的挫折沒有被解決，爸媽的挫折壓力也跟著越來越高。

因此，理解孩子的挫折情緒時，將是解決挫折根源的第一步。

1 孩子明明程度不錯，
為何無法靜下來好好讀書？

芯芯是主動告訴媽媽她想找心理師談談，所以媽媽帶他來諮商。

第一次來諮商的時候，芯芯說：「老師，我已經一年沒有好好睡覺了，我覺得我每天都好焦慮；我的書好像都念不完，但是我每天晚上卻又不想讀書，所以就一直滑手機。」

我回應芯芯：「聽起來，你對自己沒辦法好好讀書，然後晚上一直滑手機感到焦慮！」

芯芯說：「是啊！我就是覺得我的書念不完，而且高中進入資優班後，我的成績掉下來好多，我每次都好努力讀書，不知道為什麼就是班上20幾名的成績。」

我再次回應芯芯：「你對自己成績無法排在前面感到挫折。」

芯芯說：「對啊！我國小跟國中都是全班前幾名，但是，自從高中讀資優班後，就算再努力都是全班倒數。我就覺得自己好笨，怎樣都考不好！所以我就每天晚上都很煩，我就更不想讀書……。可是，我知道要讀書，成績才會變好；但是，我就是讀不下去，所以一直滑手機，然後一個晚上就又浪費掉了。」

還記得，我跟芯芯媽媽對話時，媽媽說了一句「她如果把滑手機的時間拿來讀書，就不會一直考不好。」這是大部分家長最容易擁有「好好面對問題，然後尋找解決方案」的思考模式，因為「成績不好，就應該把時間拿來讀書」，同時也表示著「只要認真讀書，成績就會變好；如果成績不好，就代表不夠用功讀書。」

但有沒有一種可能，「芯芯已經超級無敵的努力用功讀書了，但是成績就是無法成為班上前幾名呢？」

比如說，當芯芯很努力讀書，但是班上一半以上的

愛的小叮嚀

孩子內在的焦慮感無法消化時，不是孩子不想要念書，而是焦慮到念不下書。

同學都是資優生，也就是其他同學也同樣優秀且第一名永遠只有一個的狀態下，那是做任何努力都很難改變的狀態；甚至芯芯曾經嘗試每天認真上課、做筆記、寫自修評量，回家也讀書到半夜兩點、早上六點起床讀書，芯芯已經用了過去讀書的策略且加倍複習，卻還是沒辦法成為全班第一名；這樣的狀態，芯芯做再多的努力卻仍無法成為最優秀的。

此時，芯芯只能接受「自己不一定能像過去一樣，永遠都是第一名」的事實。這對一般人是容易的，但是對芯芯來說卻是困難的，因為她已經習慣第一名了。

當芯芯面對自己無法成為第一名的時候，芯芯開始感到焦慮、挫折、無力感，這樣的感受逐漸淹沒了讀書的信心，所以芯芯無法在短時間內消化內在的焦慮、挫折與無力感，於是躲到網路世界，藉由滑手機來舒緩內在的焦慮感受。

問題焦點因應策略與情緒焦點因應策略

當我們面臨無法解決的情境時，往往會採取兩種不同的因應（coping）策略，分別是問題焦點因應（problem-focused coping）與情緒焦點因應（emotion-focused coping），藉由不同的策略來減緩內在的不舒服，這兩種策略發揮與應用的時機點各有不同。

我們面臨問題情境的時候，會試著解決導致痛苦的問題，所以會努力去做些事情讓問題或自己有所改變，這就是「問題焦點因應」策略；但是，我們總有一些困難或挫折是無法改變或是無法被解決的時候，當我們認為無法做什麼來改變狀態時，就會傾向採取「情緒焦點因應」策略。

大部分的人在面對生活或工作問題情境時，常常會是兩種因應策略並用，來處理問題與消化內在情緒壓力。

大部分的人習慣採取問題焦點因應的策略，因為我們從小就被教導要「面對問題，解決問題」，於是對那

愛的小叮嚀

> 爸爸媽媽總是習慣「問題焦點因應」思考，孩子考不好就是要讀書、解決問題；孩子因挫折而陷入「情緒焦點因應」，孩子只是想要有人給自己支持與陪伴，先陪伴孩子舒緩焦慮，再陪孩子找讀書方法。

些採取情緒焦點因應策略的人就會被認為「逃避問題，不正視問題」。

我們試想一個情境，有沒有可能「孩子已經很用功了，但是終究無法讓成績進步呢？」或是「得了先天遺傳疾病而無法治癒」，或是「因做錯事、且一定得接受處罰」。

也就是說，「我們已經用盡各種方法去思考解決問題的方法，但是卻處在『問題無法獲得解決』的情況呢？」這挑戰了我們習慣的「解決問題」思考模式，因為大部分的事情是只要努力都有機會改變，但是偏偏就是有跨越不了的情境？

先處理情緒，再解決問題

在諮商過程中，我和芯芯討論她的焦慮、挫折、無力感。芯芯開始了解自己的焦慮來自於完美的自己受到了挑戰，於是開始看見自己的挫折來自於努力不一定有回應。

芯芯清楚自己的無力感來自於「努力無法達到預期」的目標；她看見自己內在的感受之後，才慢慢看見自己已經盡力了，就算目標無法達成也只是短暫的

歷程。

芯芯開始與自己的焦慮共處，面對無力的自我；慢慢放大自己的視角，重新看待挫折中的自己，芯芯看見自己的脆弱與難受，並練習獲得面對焦慮的掌控感。

當爸爸媽媽一直提供孩子解決問題的方法與策略，但是孩子的學習或是問題始終沒有獲得改善時，爸爸媽媽可以開始留意孩子是否有自暴自棄或是放棄努力的行為。

例如：過去總是很認真讀書或準備考試，但是最近開始提不起勁讀書、考不好就一直滑手機、不想讀書或上學；此時，孩子可能已經陷入無助的情境。

這時，爸爸媽媽可以先關心孩子的情緒，並讓孩子先好好調適情緒，而不要一直給予讀書的策略或方法。當孩子好好哭泣或解決焦慮情緒後，才能開始再提起讀書的勇氣。

當第三次諮商的開始，芯芯開始跟我討論她的讀書計畫，開始透過條列式的方式給自己訂定目標，芯芯獲得了焦慮情緒的掌控感，並且重新找回面對課業的自己。

測驗自己困難情境下會採取的策略

以下有個簡單的測驗,讓大家測測看自己面對問題的策略:

回顧過去一年,你所經歷過的任何有壓力的個人危機或生活事件,若是最近發生的更好。你還記得自己是如何處理當下的情境與壓力?下列是一些處理壓力經驗所使用的方法,若有哪些是你使用過的,請在題號前面打✓。

_____ 1. 看事情的正面之處。

_____ 2. 嘗試退一步看待全局,使自己更客觀地衡量。

_____ 3. 祈禱以求上天(神)的導引或增加力量。

_____ 4. 當我感到憤怒或沮喪時,有時會向其他人抒發。

_____ 5. 使自己忙碌於其他事情,讓自己的心思遠離問題。

_____ 6. 決定不再為此事擔憂,因為我瞭解每件事都會好轉。

_____ 7. 一次只處理事件的一個步驟。

_____ 8. 找相關資料以求解答,也考慮一些替代方案。

_____ 9. 因為以前有類似的經驗,我可以運用個人的知識來解決。

_____ 10. 向朋友或親戚尋求建議。

_____ 11. 與專業人員(醫師、律師、老師、心理師)討論如何改善狀況。

_____ 12. 採取行動以改善狀態。

以上的問題，若第 1、2、3、4、5、6 題勾選較多的話，代表您遇到困難情境時，較常採用「情緒焦點因應」策略。

若第 7、8、9、10、11、12 題勾選的話，代表您大多會採用「問題焦點因應」策略。

若兩者皆有勾選的話，代表您在遇到問題時，會同時採用「情緒焦點因應」與「問題焦點因應」兩種策略。

2 為何孩子情緒不斷爆炸？
→增加情緒詞彙

　　小美上幼兒園後，會常常生氣，有的時候情緒一上來就會失控的在班上大叫，老師覺得小美失控的頻率愈來愈高，好像沒有辦法在班上好好上課。

　　老師覺得小美總是一直在說其他同學做不好，或一直在罵其他小朋友。

　　老師覺得小美如果在課程過程或遊戲結果不如預期，就會暴走。

　　由於小美在學校的情緒一直爆炸，小美媽帶她來諮商。小美進到遊戲室內，總是一直教我「正確的」遊戲方式，或是在我表現不好的時候，開始生氣地罵我。

　　當我搞錯遊戲規則，她會生氣；

　　當她遊戲快輸的時候，她會生氣；

　　當她把桌子弄髒的時候，她會生氣；

當她來不及收拾玩具的時候，她會生氣；

當她課程快結束、要跟玩具道別的時候，她會生氣；

當我……，她會生氣。

正如同老師與媽媽說的，無時無刻都可以感受到她生氣的情緒。

在幾次遊戲治療的過程中，可以隨時感受到快爆炸的小美；當我跟小美的媽媽討論到情緒的時候，媽媽也感受到不論發生什麼樣的事情，總是以生氣的方式表達他的情緒。

在兒童成長過程，一直在學習如何處理情緒；對孩子來說，情緒調控需要適度的學習以及成人的協助，最常聽到大人告訴孩子「你要控制自己的脾氣！」然而，對孩子來說，控制情緒不單單只是控制，而是需要適當的進行情緒表達，才能學習調控能力。

家庭的情緒窄化是孩子爆炸的主因

在與小美媽媽進行家長諮詢的過程中，媽媽提出自己在家中常常會不自覺給予孩子指責，甚至偶爾會出現情緒失控的對話，不自覺會在小美跟其他小朋友的

互動中，見到自己與小美對話的影子；發現總是在生氣的小美就像是在家中生氣的自己。

學齡前的孩子，主要接觸環境以家庭為主，所以孩子對於家庭成員的情緒會特別敏感，同時親子之間的互動更會影響孩子的情緒起伏與變化。

也就是說，爸爸媽媽可能在無形之中成為孩子的情緒楷模，倘若爸爸媽媽時常情緒高張，在潛移默化的影響下，大人的情緒表達方式不自覺烙印在孩子心中，孩子也容易學習到爸爸媽媽的情緒表達。

當孩子情緒失控的時候，爸媽往往會給予孩子的一句話是「不要生氣」、「不要大哭」、「不要害怕」，由於父母都是生氣跟壓抑孩子的情緒，所以孩子在家庭中的情緒過於窄化，導致孩子的情緒辨識能力不足。

然而，在兒童發展歷程中，孩子出生就有個人的原

愛的小叮嚀

爸爸媽媽如果每天都是很生氣地罵孩子，孩子也會因此學習到每天生氣說話；爸爸媽媽試著跟孩子好好說事情與原因，孩子也會學習到好好跟爸媽說事情。

始情緒，原始情緒包括了：開心、生氣、難過、害怕、厭惡等五大基本情緒，若仔細觀察研究這五項基本情緒，大家有沒有發現，其中的正向情緒有幾個呢？

沒錯，正向情緒只有「快樂」，其他四個情緒都是屬負向情緒。這代表著，我們過去總是告訴孩子「你要天天快樂」，但是不能生氣、不能害怕、不能哭泣，這樣的說法反而無法讓孩子好好表達原始情緒，進而一味地壓抑個人的負向情緒。

增加情緒詞彙以破除情緒窄化

為了讓小美對情緒有更多的認識，我們在遊戲治療的歷程中增加更多情緒的對話；因為小美看到恐怖的蜘蛛玩具時，應該要有害怕的情緒，但是小美太習慣生氣，所以就以生氣情緒取代了害怕。因此，我們在遊戲治療過程中加入了以下的對話。

「我害怕看到大蜘蛛。」

「我很怕蜘蛛會咬我！」

遊戲治療課程快結束時，小美的情緒是難過的，但是小美不知道如何表現難過的心情，而以生氣的方式呈現自己難過的心情。

「我們要下課了，我好難過，等一下要跟玩具說再見了。」

「我害怕蜘蛛會咬我！」

同時，小美跟媽媽也有更多的情緒對話練習。我鼓勵媽媽平時在家中可以與小美進行情緒對話，持續擴展小美的情緒字彙與感受。

我鼓勵媽媽在家中只要增加「快樂、生氣、難過、害怕」四種情緒的練習，也就是「喜怒哀怕」這四種情緒，慢慢提升孩子對於情緒的感受度，減少以生氣情緒應對生活。

信誼基金會在 2023 年 11 月間，透過網路針對 10,403 份 1 至 6 歲家長進行「1 至 6 歲幼兒語言發展與親子對話調查」，報告顯示，從 3 歲、4 歲、5 歲甚至到 6 歲，僅半數家長提到幼兒會用語言代替哭或發脾氣表達，家長以為的情緒問題，可能與語言表達不足有關。

針對 6 歲以下兒童，因為對情緒辨識較為不足，如果爸爸媽媽在引導孩子情緒表達的過程，發現孩子無法適度表達情緒，大多是因為平常在家庭中很少進行情緒對話。尤其華人文化「喜怒不形於色」，也就是喜怒之情緒不表露在臉上，不能夠讓人家看出自己的情緒；因

為情緒表達愈少，代表情緒控制能力愈好。若是過多的情緒表達，容易被套上「情緒化」的字眼，反而容易受到同儕攻擊或對抗。

華人文化強調集體主義，更強調不能因為個人情緒影響到群體利益，若因為表達個人情緒，讓身邊的人不舒服，就會被認為過於自私與自我；每個人應該避免影響他人的狀態，所以要為了群體利益而隱藏個人情緒。

而西方文化強調自己可以傳達個人的情緒與感受，同時也能夠適時伸張個人的權利，在表達過程中傳達彼此意念；不像華人文化因害怕個人過多的陳述與表達，會破壞「以和為貴」的文化傳統，所以華人文化很強調重視大局並壓抑個人感受。

當大人都習慣不談論內在的情緒，因此也不會有太多的情緒討論，也更不會有和孩子談論情緒的語言，來促進孩子情緒辨識，並提升情緒表達能力。

當小美媽媽增加平常在情緒上的對話與演練，在幾次的遊戲治療過程中，小美的生氣情緒慢慢減少，同時也開始增加害怕與難過的情緒。之後，當我們在討論要收拾遊戲並下課時，小美不再直接生氣地對我說話，反而能夠說出他的情緒、想法並共同收拾遊戲。

練習情緒對話，陪孩子擁抱自己的情緒

當我們開始練習與孩子增進情緒對話，爸媽陪伴孩子一起練習情緒表達溝通，孩子慢慢就會告訴我們發生什麼事情！試試看，很多時候，孩子不會說，有可能是平常比較沒有練習，如果爸媽開始練習每天說：「媽媽今天陪你出去玩，很開心。」、「媽媽很生氣，因為你沒吃完飯。」

孩子開始練習：「我今天跟媽媽去公園玩，很開心。」、「弟弟搶我玩具，我覺得很生氣。」

1. 請爸爸媽媽說說今天開心的事情？

　　我今天很開心，因為……

2. 請爸爸媽媽說說今天難過的事情？

　　我今天很難過，因為……

3. 請爸爸媽媽說說今天生氣的事情？

　　我今天很生氣，因為……

有些家長反映，在訓練孩子說出自己情緒事件時，孩子常常會說不出來內心真正的想法，所以當我們問孩子：「你今天有沒有開心的事情？」時，孩子可能就不說話；因為孩子過往很少有自己表達情緒的機會，爸爸媽媽可以先給孩子一些選項，讓孩子從選項之中練習找到自己的答案，未來孩子就可以試著去說出自己的答案囉！

當爸爸媽媽跟孩子說：「你今天有沒有開心？」

然後，再提供三個選項：「跟同學玩比較開心？去遊樂區玩比較開心？還是畫畫的時候比較開心？」讓孩子從選項中找到答案，請爸爸媽媽試著想想以下情緒的例子，並提供三個選項給孩子選擇：

1. 爸爸媽媽跟孩子說：「你今天有沒有傷心的事？可能是什麼事情讓你傷心？」
   a. 學校的玩具壞掉
   b. 弟弟吃掉自己的糖果
   c. _____

2. 弟弟把哥哥的玩具搶走，弟弟生氣地大哭。爸爸媽媽問：「什麼事情讓你很生氣？」
   a. 哥哥沒有先問我
   b. 哥哥會把玩具用壞
   c. _____

3. 妹妹晚上睡不著覺，害怕地在床上一直哭，爸爸媽媽問：「什麼事情讓你一直哭？」
   a. 怕有虎姑婆跑來
   b. 晚上暗暗的，不敢自己睡
   c. _____

3 孩子大哭當下，父母應該怎麼辦？
→轉移注意力

3 歲的小明在家常常哭泣，當小明的玩具時間到且要準備休息的時候就哭，或是小明想要買玩具卻不能買就哭，一哭起來常常是 3 個小時起跳，媽媽對於小明的哭泣感到無能為力，因為小明媽無論是抱著小明、或是哄小明，他依然哭到停不下來。

小明爸說：「小明是故意的，只有遇到媽媽才會這樣；如果我帶他去廁所，他也很快就不哭了！」

爸爸說：「都是你太寵小孩了！小孩才會一直哭～」

老師說：「小明在學校都沒有特殊的情況，而且也不會常常哭泣。」

小明媽聽到身邊重要他人這樣的對話，充滿挫折與無力感；於是小明媽認真思考自己的教養方式真的有問題嗎？

為了減少小明的哭泣，小明媽不再買玩具給小明，當小明沒有喜歡的玩具出現，小明就不會哭泣……，但是小明媽看著總是坐著發呆的小明，覺得這樣的方式好像不是唯一的方法。媽媽說：「網路上都說『不能兇小孩，要好好跟孩子說嗎？』『為什麼好好說了，但是孩子還是遇到問題就一直哭呢？』」

　　3 歲的孩子遇到挫折壓力時很容易哭泣，因為幼兒情緒調適機制尚未完整。若我們仔細思考，小嬰兒肚子餓的時候，最常表現的方式就是大哭，若還是喝不到奶就會生氣踢腳、或是更生氣地大吼大叫；這就代表，孩子出生開始並沒有具備情緒調適機制，是以最原始的方式來表達內在情緒。

　　心理學相關研究顯示，孩子情緒調節能力大約從 3

愛的小叮嚀

學齡前孩子會一直哭泣，主要是情緒調適機制尚未完整。孩子生氣大鬧或難過大哭時，爸爸媽媽就不要再一直跟孩子說原因，因為孩子認知能力還沒有成熟喔！

歲後開始展現，學齡前階段，孩子的認知發展能力仍有所限制。當小明媽一直投入在處理小明的負向情緒時，要求小明要控制情緒，並持續與小明討論事件的情緒與行為，但因小明尚未有完整的認知發展，因此只會讓小明感到無望，導致情緒更為高張。

心理學研究也重視孩子認知能力的成熟度（包括注意力集中與轉移、抑制思維與行為、規劃、主動紓解壓力情緒等），不同年齡的孩子對於情緒調控能力是有所差異的，反而需要了解不同階段孩子所能夠學習到的情緒調節能力，進而由成人提供適當的協助。

轉移孩子的注意力

小明進入遊戲室的時候，小明看不到媽媽在身邊，想要往外面衝出去；但是，小明發現力氣不夠大，門無法馬上開啟的時候，已經準備要開始大哭。

我拿出了一個手搖鈴，用聲音吸引小明的注意力，小明聽到聲音就轉頭並且拿走了手搖鈴，進行一陣的手搖鈴玩樂時間……。

過了 3 分鐘，小明又打算往外面衝出去了，我就拿小明最喜歡的車車，小明又轉移了注意力，又進行一

陣子的車車遊戲時間……。

　在反反覆覆的遊戲歷程中，小明準備哭泣的時候，注意力就獲得了轉移……，半小時內都沒有因為出現未如預期狀況而哭泣，更沒有情緒爆炸的情況。

　情緒調整可從「轉移」和「投入」兩向度著手，意即可以選擇暫時把注意力從引起情緒的事件中轉移，或是投入心力、正視問題並進行處理。而我們可以用「認知」和「行為」兩種策略，來達到「轉移」或「投入」。接下來說明不同情緒調整策略。

	轉移	投入
行為	離開問題情境或轉移注意力（行為—轉移）	發洩情緒或尋求安慰（行為—投入）
認知	想讓自己愉快或專注的事（認知—轉移）	思考如何解決問題情境（認知—投入）

Smith, Nolen-Hoeksema, Fredrickson, Loftus, Contributor, & Contributor, 2003

情緒調適策略中，包括以下四大類別「行為—轉移」、「行為—投入」、「認知—轉移」以及「認知—投入」，主要從「行為」以及「認知」兩種類別提供處理。

1. 行為——轉移：

離開讓自己不舒服的問題情境，可以透過轉移注意力或是離開問題情境的方式，不讓自己在高張的情緒當中，避免讓情緒持續爆炸，以減少情緒影響了雙方的關係。

例如：當爸爸媽媽被孩子的情緒影響時，可以暫時離開去廚房喝水；當孩子情緒高張的時候，爸爸媽媽可以先讓孩子吃餅乾。

2. 行為——投入：

讓自己的情緒獲得安撫與安慰，包括尋求他人的擁抱或是讓自己可以好好大哭一場；當情緒獲得適當的宣洩，能夠讓自己的壓力獲得紓解，並在他人的理解中感到支持，而讓自己有安全感。

例如：當爸爸媽媽照顧生病的孩子而壓力太大，可以找朋友好好聊一聊，孩子生病所帶來

的困擾；當孩子喝不到奶而大哭時，爸爸媽媽可以抱起孩子並跟孩子說說話。

3. 認知──轉移：

轉移當下影響自己情緒的行為，可以透過思考讓自己愉快的經驗、或專注於當下的事情，當自己的情緒專注在正向行為時，即能夠讓自己放大思考的視角而不單單專注於負向的事情。

例如：當爸爸媽媽一直生氣孩子都沒有把數學作業完成時，若想起孩子已經從「不寫作業」到「完成一半」的改變時，即可以感受到孩子的進步，慢慢減緩生氣的情緒；當孩子情緒持續高張時，爸爸媽媽可以跟孩子聊聊最近在學校的事情，減緩孩子情緒一直爆炸。

4. 認知──投入：

思考如何解決問題情境，此乃前面所提到的「問題焦點因應」策略，當投入在思考解決問題的方法時，可以讓自己獲得足夠的自我效能感。

例如：當爸爸媽媽發現自己與孩子相處都有很多衝突時，就會去閱讀親職教養相關的書籍，讓自己可以從書本知識中尋找到與孩子相處的

方法；當孩子發現英文作業有自己不懂的英文單字時，就會翻閱英語詞典去尋找單字的翻譯，讓自己可以持續完成課業。

以上四種情緒調適策略都有其用處與成效，不一定哪一個策略特別有效，因為適合自己的情緒調適策略都會有所差異，而孩子也會因為認知發展或是自我特質的差異而有不同的策略使用；爸爸媽媽可以從以上策略中選擇或搭配使用，陪伴孩子尋找到適合自己的情緒調適策略。

當小孩處於學齡前階段，建議透過「行為—轉移」

愛的小叮嚀

學齡前的孩子容易大哭大鬧，爸爸媽媽訓練孩子情緒調適策略，可以從「轉移行為」的方式開始，先讓情緒穩定再說原因。

例：轉移注意力去吃餅乾，晚上再說怎麼做。

例：轉移注意力去聽音樂，睡前再說怎麼了。

的方式與策略來處理孩子的情緒。由於大部分的孩子從出生開始，不一定都具備完善的情緒調適機制，需要大人的協助來進行情緒的調適；因為小明的年紀尚小，大人可以選擇用「轉移」的方式訓練小明的情緒調適能力。

大人不一定要馬上關注孩子的情緒或是關注孩子的錯誤行為，而是可以先暫時透過「行為—轉移」方式來增進孩子的情緒調適機制；例如：給孩子喜歡吃的餅乾、播放孩子喜歡的音樂、拿孩子喜歡玩的玩具出來……，透過轉移的方式來協助孩子穩定情緒。

面對學齡前孩子的情緒調適策略較適合採用「轉移注意力」的方式，主要是因為當爸爸媽媽執著於事件的討論時，孩子並無法讓自己穩定與冷靜，反而更需要先讓彼此的情緒降溫。透過轉移注意力則可以先讓孩子的情緒降溫，減少情緒的固著性，增加情緒彈性度以提升彼此的對話空間。

當孩子在爸爸媽媽訓練與給予調適策略後，孩子未來進入學校進行課程學習時，就能將爸爸媽媽訓練的調適策略拿出來使用囉！例如：孩子想要繼續玩玩具，但是老師說要回位置上坐好，孩子就會拿出圖畫紙出來畫

畫，讓自己可以轉移注意力並尋找到其他自己喜歡的事
情來做。

　　小明媽透過以上方法，當小明哭泣的時候就拿出他
喜歡的餅乾，小明的哭泣時間減少了，有時候只要 5
分鐘就可以停止哭泣，甚至於能夠在 3 分鐘內就拿著
餅乾開始吃！小明媽覺得這樣的親子關係輕鬆多了，
甚至可以陪小明一起好好遊戲，而不用一直限制他的
遊戲內容！

愛的小叮嚀

孩子出生都不一定會情緒調適，就像孩子出生也不
會走路一樣，爸爸媽媽陪孩子學習了走路的方法，
孩子之後就會學會走路的技巧。
爸爸媽媽給予孩子情緒調適的策略，孩子以後就知
道用爸爸媽媽的方法，當未來在面對更多挫折挑戰
時，孩子會練習去面對學習挫折囉！

挫折練習小學堂

舒緩孩子情緒、轉移注意力

當孩子一直大哭或失控打人的時候，有些爸爸媽媽會急著糾正孩子的行為，甚至希望孩子可以立即承認錯誤並且說出自己錯誤的原因，如此一來反而讓孩子哭得更大聲或是出現更用力打人的行為，反而讓親子關係受到傷害。

要改善這樣的情況，爸媽不妨從先以下情境勾選自己與孩子的互動方式，並了解在面對手足衝突時會採用的策略：

「哥哥跟弟弟一起玩玩具，弟弟想玩哥哥的玩具並動手去拿；但哥哥不給，於是弟弟就生氣地打哥哥，最後兄弟兩人開始大哭。」

_____ 1. 告訴弟弟不可以打人

_____ 2. 告訴哥哥要讓玩具給弟弟

_____ 3. 跟兩兄弟說出彼此做錯的事

_____ 4. 抱抱弟弟並安慰弟弟

_____ 5. 請兩兄弟都互相抱一下

_____ 6. 跟弟弟討論其他好玩的玩具

_____ 7. 問弟弟上次看到的卡通情節

_____ 8. 先把弟弟帶離跟哥哥搶玩具的地方

_____ 9. 拿出其他玩具給弟弟玩

_____ 10. 先把兩兄弟分開到不同空間

以上的問題，若勾選 1-3 代表在情緒處理策略為「認知——投入」，大多採用思考如何解除問題情境。

若勾選 4-5 代表在情緒處理策略為「行為——投入」，大多採用發洩情緒或尋求安慰。

若勾選 6-7 代表在情緒處理策略為「認知——轉移」，大多採用思考讓自己愉快或專注的事。

若勾選 8-10 代表在情緒處理策略為「行為——轉移」，大多採用離開問題情境或轉移注意力。

若孩子尚在學齡前或容易情緒失控，建議爸媽先採取 6-10 的「轉移」策略，先幫助孩子穩定情緒；等孩子情緒穩定後或晚上睡前，再採取 1-5 的「投入」策略，並與孩子討論正確處理情緒的方法。

通常親子會有緊張衝突，往往在於爸媽急著解決問題，但孩子當下的情緒無法獲得舒緩；孩子未來如果仍採取錯誤的行為，很有可能來自於父母並未與孩子討論下次相同的情境可以採取的策略，因此建議爸媽可以「先紓緩孩子情緒，後投入討論以提供正確行為」策略。

4 如何能有效地安慰孩子？
→自我安撫

　　幼稚園中班的小安被家人帶來諮商，家人發現小安常常躲在角落，然後不說話⋯

　　剛進入遊戲室的小安，喜歡躲在大象溜滑梯的角落，然後等著我⋯⋯

　　有時候，小安會把東西藏在大象溜滑梯中，然後告訴我：「溜滑梯藏著秘密，不可以跟別人說⋯⋯」然後，我們一起守護藏在溜滑梯裡的玩具。

　　有時候，進入遊戲室的小安，也會特別挑選煮飯的烹飪遊戲，然後煮飯給我吃（烹飪為撫育類玩具，請參見《用遊戲陪伴孩子走過情緒風暴》第3章）。

　　接著，小安就會問我：「老師，你覺得好吃嗎？還想再吃嗎？」

　　當我點點頭，小安告訴我：「那你不要跟別人說喔！」

不說話的小安

小安的爸媽在半年前離婚，小安後來的主要照顧者為媽媽，與爸爸隔週會面，每每小安返家後就會對家人生氣，小小的事情就會一直爆炸，情緒十分火爆；好像一點點的挫折就會引爆孩子的情緒。一直到媽媽發現小安手上有很多傷痕，家人發現「孩子純真的笑容好像不見了！」告訴媽媽，孩子好像有狀況了。

接著，孩子在學校的繪圖，愈來愈多的黑色，開始看到有一幅全黑的畫作，老師說：「孩子的畫和過去的繪圖不一樣了！」家人、老師傳來了警訊，讓疲於離婚官司的媽媽開始意識到「我們是不是應該好好幫孩子走過這一段路？」

對大部分的孩子來說，因口語表達能力的限制，孩子無法透過語言說出自己遇到的困難，所以孩子往往會

愛的小叮嚀

學齡前的孩子因為語言發展限制，所以沒有辦法說出自己的困難點。爸爸媽媽可以透過遊戲治療的方式，讓孩子從潛意識的遊戲中練習表達。

在生活之中有較多不同以往的表達；當爸爸媽媽發現孩子表達減少、情緒起伏明顯較大、甚至於開始在小小事情上有較多的挫折情緒時，可能與孩子生活變化或情緒壓抑有所關聯。

爸爸媽媽離婚，左右為難的孩子

小安每每在與爸爸會面時，內在總是充滿矛盾與掙扎，小安很期待與爸爸相處，爸爸也會帶小安去吃最愛的麥當勞，只是小安每次返家時，媽媽總會問：「爸爸帶你去了哪裡？」、「你們做了哪些事情？」

小安照實回答「吃了麥當勞」，照實回答「出去玩樂」，媽媽就會趕緊跟爸爸說：「孩子不能一直吃麥當勞」、「帶小孩出門去玩要多穿一些衣服」、「要準備營養的食物給孩子吃」……，每次會面結束，爸爸總會接到媽媽的訊息。

小安下回與爸爸會面的時候，爸爸就會跟安安說「媽媽說不能吃麥當勞」、「媽媽說要多穿一些衣服」、「你都那麼愛跟媽媽說，我們就不能亂吃了！」小安也很為難，回到媽媽家就要閉上嘴巴，怎麼說都不是！

精神分析大師佛洛伊德（Freud）提出「情緒水庫」

的概念，認為我們的情緒如同一個水庫，每天都會有不同的水量進入，也就是每天會發生不同的事件，而讓情緒水庫的流量增加。

當水庫的水一直增加，而水庫無法正常排放積水的狀態下，情緒水庫隨時都會因為臨界的水量而有潰堤的狀態，正如同孩子的情緒很容易因為小事引爆。

小安在經歷爸爸媽媽離婚的過程，明顯地感受到家庭關係的改變，最直接的就是「爸爸媽媽不再住在一起了」，孩子內在最深的期待是爸爸媽媽可以重新好好在一起。

只是，這樣的夢想卻不可能實現，孩子深深藏住了內在的期待，無限的內在壓力只能選擇壓抑，孩子因

愛的小叮嚀

情緒有一個屬於自己的「情緒水庫」，情緒水庫會進水、也會需要能排水。
讓孩子的情緒水庫運作：
1. 減低進水量：由爸爸媽媽改變生活情境，
2. 提升排水量：孩子自我安撫與遊戲治療。

為無法改變爸爸媽媽離婚的情境，面對這樣的無助而無法表達，於是選擇沉默、選擇黑色繪圖、選擇自我傷害，孩子只能選擇壓抑內在情緒而烙下了傷痕。

爸爸媽媽可以從兩個角度去處理孩子的情緒水庫，也就是「調整進水量」以及「增加排水量」，讓水庫維持正常的運作機能。

調整情緒水庫進水量——爸媽在乎孩子，還是在乎自己的感受？

對小安來說，因為進水量來自於爸爸媽媽的會面頻率，也就是爸爸媽媽離婚歷程的狀態，能否彼此調整以找到平衡點？此時，需要調整孩子的排水量，讓孩子的情緒得以獲得適當的宣洩與調適。

孩子在面臨爸爸媽媽離婚的過程，法院的期待是「友善父母」，所以大多會採共同監護、安排會面，只是爸爸媽媽真的能夠友善嗎？

爸爸媽媽雙方在離婚的過程有個人情緒，對另一方的不諒解、對另一方的憤怒、對另一方的無限情緒都會間接影響孩子的會面，也有可能是對孩子的擔憂而千萬囑咐。每次會面成為孩子的壓力，孩子有時候成了傳聲

筒或是成為彼此的武器，孩子必須要反反覆覆面對爸爸媽媽的壓力，所以孩子只能選擇不說，而壓抑成內在壓力。

我告訴媽媽不一定要每次詢問孩子會面的狀況，就讓孩子在與爸爸的會面中維持單純的親子關係，給予小安適度的空間與自由，就是讓孩子最舒服自在的狀態。當爸爸媽媽能夠有一方放心地讓孩子與對方見面，孩子才能夠好好地與爸爸媽媽相處。

提升情緒水庫排水量——孩子的自我安撫與遊戲治療

在歷次的遊戲治療之中，我陪伴小安好好遊戲；除了讓小安有足夠的秘密空間，可以安心擺放自己的秘密；同時，小安進行撫育遊戲，一邊面對挑戰，同時也在煮飯的過程照顧自己，提升自我安撫的力量，讓小安在遊戲治療中重新建立自己的安全感（烹飪為撫育類玩具，請參見《用遊戲陪伴孩子走過情緒風暴》第 3 章）。

遊戲治療的過程中，孩子不需要太多的語言、也不需要太多的認知表達，而是透過孩子最舒適的方式來表

達自己的感受；在遊戲中，兒童創造了屬於自己的世界，在這個世界裡她安排了事件，用一種新的、讓自己比較舒服的方式來進行。

在遊戲治療的過程中，孩子能夠在自我內在的對話以及遊戲歷程，穩定自己的情緒，有時候就像大人在旁邊安慰自己，同時也撫慰自己的情緒。當小朋友在晚上聽到窗邊的風聲呼呼吹而不敢睡覺的時候，會拍拍自己的胸膛，然後說「不怕不怕！你最勇敢了，等一下就不會有聲音了。」透過自己安慰自己的話語，藉此減低害怕情緒的產生。

正如同小安在溜滑梯的下面安置了他的秘密空間，在秘密空間中可以鎖住自己的想法，不需要受外界的情緒影響且能好好保護自己的情緒；撫育的烹飪遊戲提升了小安的安全感，在烹飪之中維繫了對家庭的連結與想像，可以好好表達對於家庭的需求與渴望。

遊戲治療釋放壓抑情緒與母親改變緊迫盯人的追蹤，小安慢慢地不再傷害自己，也慢慢地展現了笑容……，這樣單純的笑容不就是每個家長內在最深的渴望。

練習讓孩子的情緒水庫定期排放

精神分析大師佛洛伊德（Freud）認為：「人的情緒正如同水庫，每天都會有不同的水量進入，也就是每天會發生不同的事件，讓情緒水庫的流量增加。」孩子的情緒也是如此，因此唯有讓水庫正常流動，才能讓情緒有所流動與轉化。

但由於孩子的口語表達及情緒調適能力有限，所以無法適切地說出自己的想法，爸媽不妨可以運用遊戲治療的方式，協助孩子的情緒獲得紓解。

✓ 若孩子近期情緒較為焦慮（例如：常咬手指甲、考試前跑廁所、父母會面前不說話），建議採用表達類遊戲與撫育類遊戲。

撫育類玩具

・功能：被照顧者的情緒流動

・特色：展現家庭關係、連結情緒

・療癒成效：孩子可以獲得安全感及情感慰藉。

・推薦遊戲：娃娃屋、餐廚玩具、玩偶等。

表達類玩具

‧功能：作為孩子表達情感的媒介

‧特色：可以自由變化不同造型、調色

‧療癒成效：自由表達感受，鬆解內在壓力，發展正向自我概念

‧推薦遊戲：黏土、水彩、繪圖、摺紙等

✓若孩子近期情緒較為害怕、擔憂（例如：常常要爸爸媽媽抱、遇到挫折就躲起來或放棄），建議採用恐怖類遊戲。

恐怖類玩具

・功能：化解痛苦感受

・特色：經歷並消化害怕情緒

・療癒成效：學習面對焦慮與害怕情緒，修復創傷經驗

※ 詳細的執行方式與療癒成效，可參閱《用遊戲陪伴孩子走過情緒風暴》。

Chapter 4

讓孩子轉變信念思考

（情緒調節——認知篇）

個人特質和文化背景都可能影響我們對事
情的態度與策略，但孩子因為能力上的限
制，所以遇到挫折時，比大人更容易「不
知所措」，甚至以為自己「完全不行」。

當爸媽理解孩子的挫折情緒後，接下來就
是要協助孩子走出「負面」想法，重拾自
我的信心！

1 為何孩子總是放棄？
→不同時間，卻有相同想法

　　小玲因為好幾週都抗拒上學，所以小玲媽帶她前來諮商。小玲剛進到遊戲室的時候，一直待在角落不願意移動。

　　經過幾次的鼓勵，小玲依舊沒有行動。

　　我邀請小玲一起整理遊戲室的黏土，小玲跟我一邊打開黏土、一邊把黏土拿出來捏捏看，有的黏土硬硬的、有的黏土軟軟的⋯⋯（黏土為表達類玩具，請參見《用遊戲陪伴孩子走過情緒風暴》第 2 章）。

　　小玲一個一個的看過之後，再慢慢把黏土放入盒子裡面，最後再排列、收拾起來。

　　小玲慢慢跟我對話，小玲：「這個黏土軟軟的！」

　　小玲：「這個黏土硬硬的，不適合玩。」

　　小玲：「我把它收起來好了！」

慢慢地，小玲開始收拾黏土並與我展開對話。

小玲的害怕情緒延伸至遊戲治療的歷程，小玲在諮商室內一直不敢碰觸玩具及移動，所以我採用「表達性遊戲治療媒材」使其放鬆情緒（請參見《用遊戲陪伴孩子走過情緒風暴》），並慢慢與小玲對話。

小玲：「老師好兇喔！我不想去學校。」

我：「好像發生讓你不舒服的事情。」

小玲：「對呀！老師說，我有事情，可以直接跟他說。但是，我會怕……」

我：「你好像很害怕跟老師對話。」

小玲：「對呀！老師都會對班上其他同學很兇，我覺得很恐怖。」

愛的小叮嚀

因為擔心老師「總是」很兇，因為老師「對大家」都很兇，總是會看見不好的一面，所以陷入悲觀的解釋型態。

在跟小玲短暫的對話後，換我跟小玲媽媽的家長諮詢⋯⋯。

小玲媽媽：「小玲原本就是比較容易害羞的孩子，不太會主動與老師或同學對話。開學的時候，小玲被安排跟不熟悉的同學坐在一起；我跟老師反應後，老師在課堂上當著全班同學詢問小玲座位安排情形。從那一天開始，小玲就害怕上學，甚至不敢進教室。」

我：「老師之前也是這樣的嗎？」

小玲媽媽：「其實沒有，老師平常都對小玲很好，只是這一次剛好是我反應座位的狀況，老師才特別在班上提出這樣的事情。」

對小玲來說，因為看到老師與其他同學互動時，大部分都比較嚴格，所以就會擔心老師是否會對自己也一樣很兇；然而實際與小玲媽媽對話後，才知道老師只有對屢次挑戰規則的孩子較為嚴肅，其他時候都是可以好好對話跟溝通的。

建立正向思維以跳脫負面情緒

美國賓州大學心理學系教授賽利格曼於西元 1998 年後，鑒於過去心理學界忽略個體圓滿與社區繁榮的任務

而提倡正向心理學。正向情緒可以用在過去、現在和未來；過去的正向情緒包括滿意、滿足、充實、驕傲和真誠；現在的正向情緒包括了歡樂、愉悅和滿足感；未來的正向情緒包括樂觀、希望、信心和信任。

在賽利格曼發展正向心理學應用時，認為正向情緒可以使我們從完全不同的角度思考事情，跳脫負面情緒的思考方式。正向心理學認為透過正向思維與正向情緒的建立，可以讓個體產生正向主觀經驗並邁向愉悅的生活。

一旦兒童了解樂觀與悲觀的不同及可以學習個人責任，看出每件問題有許多發生的因素並對自己造成的問題負責，對自己無法控制的事情則不責怪自己。

透過正向思維與正向情緒的建立，可以讓孩子產生正向主觀經驗並邁向愉悅的生活。心理學家 Susana、Marques、Shane、Lopez 與 Pais-Ribeiro（2011）於美國進行以希望感為取向的方案課程，整體課程包含希望感的介紹、建構希望感、創造正向及具體的目標、練習以辨識及創造出具希望感的談話並加以回顧及應用，研究結果發現參與課程的實驗組在希望感、生活滿足感以及自我價值顯著較對照組高，並在 18 個月後追蹤結果仍

可維持效果。

陷入永久性悲觀的解釋型態

我們常常聽到爸爸媽媽告訴孩子，「你要正向思考」、「你要想事情正面的地方」、「你要往好處想」，但是，卻沒有人可以告訴孩子何謂正向思考？如何往事情的正面地方看？如何往好處想？

然而，樂觀並不代表著快樂；樂觀代表的是認知想法，但是快樂代表的是情緒感受。正向心理學所重視的是樂觀，也就是如何看待好事情（good）與壞事情（bad）發生後的解釋；培養孩子的樂觀解釋型態，就是培養正向思考的關鍵。

然而大多時候，我們會從「壞事情」的發生進行討論，也就是不如預期的事情發生時，我們如何進行解讀

愛的小叮嚀

老師「沒有每次」都很兇，老師只對「不乖同學」才會兇，當發生不好的事件，看見「偶爾」與「特定性」而駁斥悲觀。

與思考。

　　小玲對老師有很多害怕，當看到其他同學被老師罵，小玲更害怕。

　　小玲：「老師對其他同學『都』很兇，我很害怕。」

　　小玲：「老師以後會不會都對我這麼兇，好恐怖唷！」

　　小玲：「我很害怕老師會不會一直都對我很兇？」

　　當我們看到壞事情發生的時候，如果解讀是永久性，就會認為「老師永遠都會很兇」；反觀若對壞事情發生的時候，個人的解讀是「老師『只有這次』很兇，其他時候都會好好跟我說話」，這樣就會降低個人對於壞事情的解讀。當小玲面對這樣的狀況，很容易陷入永久性的悲觀中。

駁斥永久性悲觀

　　當爸爸媽媽在協助兒童理解自我情緒與想法、駁斥悲觀想法並學習樂觀思考能力時，爸爸媽媽可以訓練孩子對事件與情境的解讀能力，包括增加樂觀想法的植入以反駁悲觀想法，並在與孩子對話的過程中，練習從認

知上駁斥悲觀的想法，並取得問題解決的技能。

當我們了解到小玲對教室情境與老師互動陷入悲觀的解釋型態後，我們開始進行駁斥永久性悲觀的討論。

我：「老師每次都對你這麼兇嗎？」

小玲：「對呀！上次在教室罵我之後，我就覺得老師都會兇我。」

我：「嗯嗯，你很怕老師。那上課之外的時間，你會遇到老師嗎？」

小玲：「會。我以前是幫老師擦桌子的小幫手。」

我：「嗯嗯，你都會當老師的小幫手，這個好像是你很重要的工作。」

小玲：「對呀！每次當完小幫手，老師都會跟我聊天一下下。」

我：「你們都會一起講話啊！」

小玲：「嗯嗯，老師有時候也會分我小餅乾吃。」

我：「聽起來，老師也沒有每次都很兇。」

小玲：「老師通常都是對講很多次還不乖的小朋友兇。」

我：「嗯嗯，老師好像不是對每個小朋友都很兇。」

小玲：「對呀！」

在幾次的諮商對話後，小玲慢慢放下對於老師的擔憂與害怕，同時也慢慢回到教室上課；此外，老師也持續讓小玲擔任自己的小幫手，一邊幫忙整理教室，也慢慢回復到之前的師生互動。

透過駁斥負向的解釋型態，讓孩子可以看見壞事情並不會永久發生，而僅是短暫或偶爾的事件，孩子可以慢慢解除內在的恐懼與擔憂情緒；因為對孩子來說，生活很多環境與事件並無法隨時地變換或調整，然而孩子若能夠從不同的面向看待事件，也可以提升孩子對於挫折情境的解讀。

從教育的角度來看，我們也會擔憂兒童學習樂觀後，會產生「空虛樂觀」，因僅是單純重複正面說法不會提高正向情緒或成就，我們希望可以讓兒童增加對問題的正確思考，讓孩子透過找出災難化解釋的原因，就是反駁悲觀的最佳技能。

挫折練習小學堂

練習透過調整「時間性」改變「悲觀解釋」

當面對挫折時，樂觀讓人愈挫愈勇，悲觀則會放棄嘗試，由於每個人對挫折的解讀不同，因此會採取不同的思考模式及策略。例如：考試考 98 分的時候，有的孩子會解讀成「哇賽！我這次只扣 2 分，沒關係，之前也有考過 100 分！」但也有孩子會解讀成「我怎麼這麼笨！每次都被扣 2 分！」

影響挫折解讀的思考方式之一是「時間性」。爸爸媽媽可以從以下幾個問題的「時間性」來評估自己或孩子是屬於「樂觀的解釋型態」還是「悲觀的解釋型態」？

「你特別為朋友準備一個遊戲，但是他連玩都沒玩」，你對於這件事情的解讀是：

☐ 我的玩具一直都不好玩

☐ 我今天選的玩具剛好是他玩過的

「你的好朋友對你發脾氣」，你對於這件事情的解讀是：

☐ 他每次總是亂發脾氣

☐ 他只是今天情緒不好

「你放假時全家出門旅遊，現在功課還沒完成」，你對於這件事情的解讀是：

☐ 我總是都沒辦法準時完成作業

☐ 只有這週出去玩，才沒準時完成；以前都準時

以上的問題，若勾選的選項為「上面」的選項，代表你在事情的解讀上比較容易採用「悲觀的解釋」，認為「長期、永久性」都會持續發生不好結果。

若勾選的選項為「下面」的選項，代表你在事情的解讀上比較容易採用「樂觀的解釋」，認為「偶爾、暫時性」才會發生不好事件結果。

建議爸爸媽媽可以陪孩子進行以下的思考練習：

1. 搜集過去正向經驗，進而帶孩子 2. 練習樂觀思考的方式。

例如：「**孩子特別為朋友準備一個遊戲，但是好朋友連玩都沒玩**」

如果孩子說：「我的玩具一直都不好玩。」

爸爸媽媽說：「真的『一直』都不好玩嗎？我記得上個禮拜，你們也有一起玩你帶去的玩具（**搜集正向證據**）。」

爸爸媽媽說：「會不會是上次玩過了？所以他「今天」才想玩別的遊戲（**練習樂觀思考**）。」

2 如何協助孩子投入挑戰？
→不同情境，卻有相同想法

　　小圓開始來諮商的時候，常常在班上爆炸，一遇到挫折的事就哭泣……；看起來就像是一般情緒調適困難的孩子，然而他內心有無限的小故事讓挫折無限擴大。

　　國小五年級的小圓，在學校遇到不會寫的作業就會開始哭，有的時候會在教室哭上一節課，從每天寫聯絡簿、到每天接到老師電話、最後只要小圓哭泣就被通知帶回家。

　　小圓是家中的老二，前面有一個超級無敵優秀的姊姊，姊姊總是班上排名前三名，也是全校師長公認的優等生；相對地，小圓在班上就沒有那麼優秀了。

　　成績沒有姊姊優秀，

　　運動沒有姊姊傑出，

　　英文對話沒有姊姊流利……

從小，小圓就一直被比較著，當他表現不好的時候，總會聽見「如果你姊姊就不會這樣！」

在這樣比較的環境下，小圓開始愈來愈常在班上哭泣……

當他作業沒有完成就坐著哭、

當他考試考不好就坐著哭、

當同學說他愛哭鬼就躺著哭、

當老師生氣叫媽媽來就躺著哭。

媽媽說已經跑學校太多天了，無法好好工作了！

小圓從小就常常聽長輩說「你要是成績跟姊姊一樣好就好了！」、「如果是你姊姊，就不會這樣一直哭！」、「姊姊游泳很厲害，你也要跟他一樣厲害！」

愛的小叮嚀

因為擔心自己「總是」不如姊姊，因為看見姊姊「每一科」都優秀，總是會看見自己比不上姊姊的一面，所以陷入「悲觀」的解釋型態。

小圓也很想跟姊姊一樣優秀，但是小圓卻總是表現不佳；旁人的關注與不知覺地比較，成為小圓的負擔。

這樣的日子久了，小圓開始放棄自己，愈來愈沒有自信，認為自己很多事情都做不來，認為自己沒辦法像姊姊一樣優秀。

陷入情境性悲觀的解釋型態

過去心理學習慣著重在問題、尋找問題的根源以及潛在的結果；第二次世界大戰後，心理疾病重沮喪、憤怒等，偏向心理病理學發展。

心理學主要以相關方式介入來預防心理疾病，心理教育工作者往往忽略個人正向積極思考能力、個人的正向特質以及個人所具備的正向資源。

正向心理學提供心理教育領域一個全新的方向：心理介入不只是去了解一個人何以會失敗，心理學應從如何（how）和什麼（what）的角度去協助一個人何以會成功或適應良好。當一個人學習到自己的特長，並開始定義自己的優點長處，我們才可以開始學習到自己獨特的能力。

心理學家 Susana、Pais-Ribeiro、Shane 與 Lopez 在 2011 年針對 361 名的六年級與八年級的葡萄牙學生進行長期且縱貫性的研究，結果發現若學生具備較多希望感，也就是對於未來比較多樂觀的想法，且充滿著自信心，學生比較能長期且穩定地擁有個人的心理健康，同時也具備比較高的學業成就。

這樣的研究結果代表著，若孩子對於未來有較多的希望感，則比較能顯著地預測未來的學業成就；此外，倘若學生對於個人的生活感到滿足，更是心理健康的高預測因子，並且能預測長達兩年以上。

在協助兒童處理樂觀與悲觀的解釋型態上，正向心理學期待可以協助兒童定義出永久性與普遍性，進而協助兒童達到正向思維（White & Water, 2014）。

前個案例中，我們看到小玲害怕老師的情境屬於永久性定義（擔心老師會「一直」很兇），永久性乃是時間性的定義；普遍性則是情境性的定義，也就是普遍性會把事件擴大解釋到跨情境（擔心自己「所有」的事情都會做不好），如同小圓覺得自己「每一科」都不如姊姊，認為所有情緒或事件都會受到影響。

以下用表格呈現當發生不好的事情時，樂觀者與悲觀者解釋型態：

解釋型態	樂觀者		悲觀者	
	好事件	不好事件	好事件	不好事件
時間性 （總是、偶爾）	總是	偶爾	偶爾	總是
情境性 （普遍、特定）	普遍	特定	特定	普遍

發生不好的事情時，如果我們能夠定義為「暫時性」或「特定事件」，比較能夠存在樂觀的希望感；例如：當孩子這次數學考試考不好，我們可以說「我只有偶爾考不好，其他時候都考得不錯」、「只有數學科考不好，國語跟社會科都考得很好」；透過以上的思考模式，孩子就會看到自己過往的成功經驗，並且相信自己是能夠表現優異的。

我們更需要培養孩子對於不好事件的思考模式，因為面對困難與挑戰的時候，孩子往往會遇到失敗與挫折的經驗，我們會期待孩子面對挫折且再次站起來持續挑戰，所以爸爸媽媽可以陪孩子看到只有暫時性挫折或只有特定科目不好，這樣孩子就能夠相信自己未來有成功機會，進而具備對未來的希望感受。

　　對小圓來說，他看見的姊姊是各方面都很優秀，同時對比出自己在「各方面的弱勢」；長期下來，小圓會覺得自己在「各方面」都不優秀，讓挫折一般化且普遍化地存在，認為自己在各方面都不可能跟姊姊一樣優秀。也就是說，當小圓有一件事情表現不好時，他就很容易把不好的事情放大到所有的事件上面。

愛的小叮嚀

　　「激將法」只是讓孩子「習慣比較」，因為「比較」就會有輸有贏的競爭，反而讓孩子覺得自己總是不夠好，而對自己愈來愈沒自信、愈容易放棄。

「比較」是很多人以為的「激將法」；但是卻也不自覺讓孩子「習慣比較」。在親職教養的過程中，爸爸媽媽為了提升孩子的動機，往往會不自覺透過手足之間的比較來提升孩子的競爭力。

的確，這樣的作法，可能一開始引發激將法的效果，孩子融入競爭，並且也會讓自己愈來愈好，所以孩子看起來變得自動自發、變得充滿鬥志，然而內心也期待可以獲勝。

習慣「比較」的孩子，初始對很多事情都有競爭的心態，但是競爭代表著有輸有贏，非勝即敗；最好的狀況是，孩子的競爭與比較讓孩子激發內在的鬥志。勝利並非永遠屬於一個人的，如果孩子對失敗沒有足夠的準備，可能會讓孩子愈來愈沒有自信。

更辛苦的一點是，如果有孩子在比較的過程中，多項狀態都處於劣勢，很容易就會在過程中愈來愈挫折，長期下來，孩子就會認為自己在每個方面都是不優秀的，同時也會對自己感到無力與無助，進而產生習得無助感，降低個人的自我效能感，更容易放棄事情。

駁斥情境性悲觀

在與家長諮詢的過程中，我跟小圓的媽媽討論小圓的悲觀解釋型態。

小圓媽：「小圓在家其實很貼心，他都會幫忙照顧爺爺。」

小圓媽：「小圓是家中的開心果，常常都會講笑話給我們聽，然後大家笑得東倒西歪。」

小圓媽：「小圓每次都動作很快，全家的衣服都是他晾的。」

在家中，也許小圓不是最會念書的孩子，也許他也不是最會運動的孩子；但是，他在家中卻總是很貼心地照顧家人，他在家裡會講笑話給大家聽，同時他在家中也是最主動完成家事的孩子。

愛的小叮嚀

比較，不是我們的初衷，只是希望孩子愈來愈好。看見孩子的個人優勢能力，讓孩子相信自己是獨一無二的好。

如果可以讓孩子的優勢得以被回應，孩子才能相信自己是一個有能力的人，也能夠跨越自己並非一直都不是優秀的孩子，孩子才能展現有自信的自我；唯有孩子有了自信，他才能自主地因應更多挫折、面對生命的挑戰。

每個孩子都是優秀的，孩子都有屬於自己的優勢與長處，沒有人是十八般武藝樣樣精通，如果能夠讓孩子的優勢得以發揮，或是回應孩子的努力，孩子才能重新尋回自信。

正向心理學認為心理學的目的在讓每個人都可以發揮優勢，只是每個人的優勢原本就不同，應該是自己與自己的優勢比較，而不是拿著不同個體進行比較！所以正向心理學提出六大長處、24 項優勢，其中六大長處包括：智慧與知識、勇敢、人道、正義、修養、超越，期待每個人都可以發揮個人優勢而產生幸福感（「正向心理學的 6 大長處、24 項優勢能力」可參考本書第 170頁）！

在比較的同時，我們是不是也可以看見孩子身上擁有的個人優勢呢？也許有的孩子比較會讀書、有的孩子特別會交朋友、有的孩子很會照顧別人……其實，我們

可以跳脫學業的比較，看見每個孩子很優秀的特質，然後給予大大的肯定！

學業畢竟是華人文化中很重要的一部分，並非一時半刻可以立即改善，但是透過平時的家庭討論與輔導諮商，讓媽媽看見孩子在課業之外的亮點，反而帶來了生命的曙光，小圓也開始在暑假前間找回自信，慢慢延伸至開學之後……。

開學之後的小圓，已經一年都沒有再哭泣，媽媽也終於鬆了一口氣，可以再次好好工作與上班……。

挫折練習小學堂

練習透過調整「情境性」改變「悲觀解釋」

上一篇練習將挫折事件從「永久性」的悲觀解釋，慢慢調整成「暫時性」的樂觀解釋，除了時間性的解讀外，另一個影響樂觀和悲觀的因素來自「情境性」的解讀。

例如：當數學科考試考 68 分的時候，有的孩子會解讀「我只有數學科才考 68 分，其他科都考得很好！」但也有孩子會解讀「我數學考不好，其他科目一定也會考不好！」

爸爸媽媽可以自己測驗看看或是詢問孩子的選擇，看看自己或孩子是在「情境性」的選擇上屬於「樂觀的解釋型態」還是「悲觀的解釋型態」？

「一個重要的考試沒有考好」，你對於這件事情的解讀是：

☐ 我每個科目都不好，不如其他同學

☐ 我只有這一科沒有考好

「你打輸了一場準備已久的羽毛球比賽」，你對於這件事情的解讀是：

☐ 我的運動神經都不夠發達

☐ 我對羽毛球不夠專精

「你忘記跟朋友約好的聚會」，你對於這件事情的解讀是：

☐ 我整體的記憶力很不好

☐ 我這次忘記檢查我的行事曆

以上的問題，若勾選的選項為「上面」的選項，代表你在負向事情的解讀上比較容易採用「悲觀的解釋」，大多會認為「全部、每一樣」都會持續發生不好結果。

若勾選的選項為「下面」的選項，代表你在負向事情的解讀上比較容易採用「樂觀的解釋」，大多會認為「特定、單項目」才會發生不好事件結果。

建議爸爸媽媽可以陪孩子進行以下的思考練習：

1. 搜集過去正向經驗，進而帶孩子 2. 練習樂觀思考的方式。

例如：「你打輸了一場準備已久的羽毛球比賽」

如果孩子說：「我參加所有的比賽都會失敗、都會比得不好。」

爸爸媽媽說：「真的『所有的』比賽都失敗嗎？你上次的跳繩測驗也很棒、參加學校的大隊接力比賽也很厲害。（**搜集正向證據**）」

爸爸媽媽說：「會不會只有羽毛球表現得不好？你在其他的運動也都表現得很棒！（**練習樂觀思考**）」

3 為什麼孩子不敢嘗試挑戰？ →防衛性悲觀

　　國中一年級的小湖由媽媽帶來諮商，媽媽覺得小湖做事情都不勇敢……。

　　小湖進入遊戲室內，看到一組很喜歡的寶可夢桌遊，小湖拿了桌遊並且很興奮地看著桌遊的封面，一個一個介紹每個寶可夢的名稱，並且說明自己為什麼喜歡這個寶可夢。

　　小湖：「超夢超級厲害的，而且他有很多的絕招。」

　　小湖：「哇賽！這邊還有夢幻耶！好多不一樣的神獸！」

　　小湖：「夢幻可以變成所有的寶可夢，我也很喜歡他喔！」

　　小湖：「這邊也有烈空座，我喜歡烈空座，他原本是一隻龍喔。」

小湖：「寶可夢都有很多的招式，尤其是神獸……」

我：「你有很多喜歡的寶可夢喔！」

小湖：「對呀！這個桌遊應該很好玩。」

我：「你想要試試看這個桌遊。」

小湖：「……」

小湖：「還是不要好了！我怕我會把它弄壞。」

　　小湖在遊戲治療過程中，對自己喜歡的玩具或遊戲，都會默默地看著，有的時候會看著玩具而不會拿起來，有的時候會跟我訴說這個玩具的玩法，但是都不會碰觸玩具。當我再仔細詢問，小湖都說自己很怕把玩具用壞了。

愛的小叮嚀

　　爸爸媽媽太多的提醒與糾正，只是讓孩子愈來愈害怕失敗，因為害怕失敗而形成「防衛性悲觀」，面對挑戰就會害怕失敗、裹足不前。

「孩子的自我評價，是爸爸媽媽開始的。」華人的爸爸媽媽往往習慣指出孩子的不好，雖然這些評價來自於滿滿的愛，所謂「愛之深，責之切」、「恨鐵不成鋼、不打不成材」；因為滿滿的愛，而讓爸爸媽媽擔憂孩子可能會有事情辦不到，所以爸爸媽媽不自覺地反覆提醒，讓孩子愈來愈沒有自信，因為孩子的自我內言為「我一定辦不到」。

其實，不是孩子辦不到，而是「爸爸媽媽常常告訴孩子：你不夠好」，自我內言來自原生家庭的表達，影響了孩子的情緒，並影響了自我價值。

防衛性悲觀的存在

華人文化中所測出來的悲觀解釋型態是比較多的！在悲觀信念中有「防衛性悲觀（defensive pessimism）」的存在，這就是華人文化常常會有悲觀解釋型態出現的原因。

我跟小湖的媽媽進行家長諮詢，媽媽認為小湖很多事情都害怕，很多事情都不敢嘗試，媽媽很擔心小湖未來沒有辦法面對國中生活的課業壓力。

小湖媽媽：「學校老師每次讓他參加比賽，他都會拒絕老師，他說他不想參加！老師都說好可惜。」

小湖媽媽：「這樣他以後就什麼都不敢做，那以後怎麼工作？」

小湖媽媽：「我很擔心我的孩子沒有自信唷！」

防衛性悲觀和一般只會預期事情變得更糟的悲觀者不同，防衛性悲觀者會「把絕望的期待變成處理策略」的一部分，這也是集體主義文化常常會談到「凡事作最壞的打算」。

在防衛性悲觀的信念底下，會讓我們做更多的準備，實際去未雨綢繆並思考困難的解決策略，更為謹慎面對任務並避免失敗的一種傾向，是用來激勵本身表現得更好的策略。

愛的小叮嚀

防衛性悲觀，讓我們作最壞的打算；太多防衛悲觀，卻讓我們沒有自信。

心理學家 Cantor 與 Norem（1989）曾對 127 位大學生進行為期三年的縱向追蹤實驗性研究，結果發現防衛性悲觀的人短時間內，可以有效地因應任務與激勵表現，但是長期來說卻比較容易失眠、擔憂及失去希望感。防衛性悲觀在短期內會有好的表現，但長期就比較容易對生活感覺到壓力，通常會對於事情陷入悲觀想法，而不敢有較多的嘗試與挑戰。

華人傳統的爸爸媽媽害怕孩子面對失敗，總是擔心孩子面對失敗而欠缺因應挫折的能力，所以華人文化的爸爸媽媽會反覆提醒孩子還不夠好，自己還需要再多些努力才不會失敗，因為這樣的防衛性悲觀而提醒著我們必須時時刻刻謹記著失敗的可能性。

其實，這不是你的錯！而是文化惹的禍！

小湖：「媽媽常常都跟我說不要隨便拿東西，如果拿了別人的東西，很可能就會把東西用壞。」

小湖：「媽媽說，我都不會保護東西，所以我覺得我還是不要玩好了。」

我：「聽起來你很想玩，但是擔心會用壞！還是，我們可以試試看？」

小湖：「下次再玩好了，而且我覺得這次的時間也不夠用。」

我：「你也會擔心時間不夠！」

小湖：「對呀！我會用壞東西，而且時間也不夠，還是不要好了！」

……

一直到下課之前，小湖都抱著桌遊，卻沒有打開桌遊。

在華人的文化觀念中，有個強烈的認知思考脈絡，讓我們不自覺地提醒孩子不夠好——「防衛性悲觀」。防衛性悲觀代表的是我們會習慣性提醒自己，這件事情可能會有不好的結果，因為我們害怕失敗，所以會預期

愛的小叮嚀

減少防衛性悲觀，不代表不做「最後打算」；挑戰防衛性悲觀，讓孩子學會「下次如何做」。
讓孩子從錯誤中「學習新經驗」，而不是在錯誤中「指責自己」、「害怕嘗試」。

失敗產生的可能性。

華人文化的防衛性悲觀，會是難以跨越的障礙嗎？我當然不這麼認為，因為我相信文化是會改變的，代間傳遞是有調整的機會，而「覺察正是改變的開始」，有些家長真的不知道怎麼教養孩子，所以延續過往傳統的教養概念。

但是，家長們也想活出不一樣的童年，看見小時候的自己如何影響著自己長大後的親職角色，反而更能觸動家長的情緒；有時，帶著家長覺察過往的文化帶來的限制以及自己成長經驗，就是讓我們改變教養方式的第一步。

如果華人文化存在著「防衛性悲觀」，因為害怕失敗，所以我們的爸爸媽媽總會提醒我們要注意危險與錯誤的地方，進而欠缺讓孩子獨立發揮能力的機會；因為害怕失敗的無力，所以反覆提醒孩子還要更努力；因為害怕失敗，所以告訴孩子「你還不夠好」！

只是，孩子在這樣的提醒中，愈來愈沒有自信，同時也不敢提出挑戰或害怕接受挑戰。防衛性悲觀的文化信念，讓我們少了自我肯定的機會。

戰勝文化的束縛：失敗只有這次，下次學會就好了

我跟小湖的媽媽討論，「如何讓小湖可以勇敢嘗試而不是一直退縮？」

我：「媽媽已經做得很好了，只是我們總會擔心孩子錯誤，所以會想要提醒小湖很多注意事項；甚至於，當小湖有錯誤的行為時，我們也會給予小湖很多的建議。」

我跟小湖媽媽說，「媽媽還是可以持續給予小湖提醒，只要再加入一句話就可以『那我們下次知道怎麼做，這樣就好了！』」

雖然華人文化充滿了防衛性悲觀的認知信念，然而現在的我們依然擁有跨越文化挑戰的能力；正向心理學著重在樂觀的訓練與培養，我們可以談論「樂觀」，同時也相信樂觀信念是可以培養的。

爸爸媽媽在孩子面對失敗時，可以告訴孩子「這次失敗的確讓我們很挫折，但是我們下次知道怎麼做就好了！」這是在告訴孩子，我們的確都會害怕失敗，但是失敗的經驗也讓我們有更多的學習。

不用因為一次的失敗就讓自己害怕挑戰，我們也不會因為一次失敗就一蹶不振，而是我們都可以在失敗經驗中學習，成為下次挑戰的借鏡，提升自己的知識錦囊。我們相信自己依然可以站在成功的一方，告訴孩子「失敗只是一次、而不是永遠都會失敗」。

　　如果可以從爸爸媽媽開始，讓我們帶給孩子多些鼓勵、多些肯定，理解孩子在過程中的努力與學習，告訴孩子「我相信，你做得到」，讓孩子看見自己的好，亦能提升孩子的自我效能感。

　　當下次再進入遊戲室，小湖找到了他喜歡的寶可夢桌遊，他開心地打開了桌遊盒子，並且說「我們一起來玩吧！」

練習「三件好事」

成功的確是生活上不容易多得的經驗,在正向心理學的概念中,不只教導我們經驗挫折事件的認知處理,同樣也重視好事情 good thing 發生時,我們可以如何維持樂觀的解釋型態!

聚焦總是有好事情發生、減低只看見壞事情。爸爸媽媽可從下面挑選三個句子,引導孩子透過以下的對話,練習發現身邊的好事:

✓ 今天,我發現 ＿＿＿＿＿＿,感覺相當美好。

✓ 今天,我做 ＿＿＿＿＿＿,感覺做得很不錯。

✓ 今天,我聽到一個好消息,那就是 ＿＿＿＿＿＿。

✓ 今天,我很好心,對某人 ＿＿＿＿＿＿。

✓ 今天,我看到 ＿＿＿＿＿＿,真的很開心。

如果在以上的練習中,孩子可以說出上述的語句,爸爸媽媽也可以持續引導孩子說明:

✓ 你覺得是什麼原因,所以今天會發生這件好事?

✓ 花時間來為這件好事命名,你覺得自己學到了什麼?

✓ 你或其他人是如何讓這件好事發生的呢?

長處美德的正向回饋

當孩子能夠具體說出自己生活發生的好事後,為了強化孩子的正向經驗,父母可以透過以下的六大長處、24 項優勢能力給予回應:

· **智慧與知識:幫助學習與使用知識的認知強項**
  1. 創造力 2. 好奇心 3. 判斷力 4. 熱愛學習 5. 觀點見解

· **勇氣:協助面臨內外在困境時,仍願意完成目標的情緒強項**
  6. 真誠 7. 勇敢 8. 毅力 9. 熱忱

· **人道:對他人關愛與友善的人際強項**
  10. 仁慈 11. 愛 12. 社會智慧／幫助別人

· **正義:建構完善社群生活的公民強項**
  13. 公正 14. 領導力 15. 團隊精神

· **修養:能克制不當衝動的強項**
  16. 寬恕 17. 謙虛 18. 謹慎 19. 自我控制

· **超越:對世界存在較高層次意義及宏觀認識的強項**
  20. 美的欣賞 21. 感恩 22. 希望 23. 幽默 24. 靈性

爸爸媽媽可以採用以下的對話給予正向回饋：

✓ 我覺得你是一個「熱愛學習」的人，因為你今天又發現一個美好的事。

✓ 我覺得你是一個「勇敢」的人，因為又做了新的挑戰。

✓ 我覺得你是一個「會幫助別人」的人，因為你很好心、做了好事。

✓ 我覺得你是一個「很合作」的人，因為你在班上跟大家一起完成任務。

✓ 我覺得你是一個「會規劃」的人，因為你完成了新的計劃。

✓ 我覺得你是一個「感恩」的人，因為你剛剛又感恩好事發生。

爸爸媽媽透過以上優勢對話的回饋，除了讓孩子能回應到「三件好事」以提升個人正向樂觀的思考外，也可以強化孩子個人的優勢能力喔！

讓孩子挫折後仍持續面對

（解決問題）

很多時候，我們會以為孩子應該有能力處理問題了，怎麼還是找各種藉口？或是聽不進去家人的建議呢？這時候通常是孩子對自我的認知還不清楚。

因此這時候爸媽建立明確的規範和原則，可以幫助孩子在面對問題時，可以有方向依循，也建立起孩子的責任心，才不會為了逃避挫折感而把責任推給爸媽！

1 為何孩子無法解決問題？
→提供孩子解決方法

　　大班的大安最近常不想上學，媽媽對於孩子無法上學感到擔憂，因為大安在小班跟中班都很期待上學，每天都開開心心的，但是最近每天早上都賴床，媽媽很擔心孩子的狀況，但是，每次詢問大安，卻都得不到答案。

　　大安在第二次進入諮商室的時候，選擇一隻大恐龍跟一隻熱帶魚。大恐龍舞著大爪子並張大嘴巴看著前方，熱帶魚則是皺著眉且嘟著嘴巴；恐龍跟熱帶魚兩隻互相對望著⋯⋯。大安說起了這個故事。

　　大安：「這隻魚是一隻生氣魚，他每次不會寫作業就會生氣⋯⋯」

　　大安：「有時候，生氣魚一生氣就會踢桌子、然後一直把考卷丟掉。」

　　大安：「有時候，生氣魚生氣就會丟鉛筆、就是不

想要再訂正。」

大安：「有時候，生氣魚生氣就會看到同學笑他，就更生氣。」

……

大安：「生氣魚每次一生氣，大恐龍就會生氣，然後叫生氣魚去外面。」

大安：「可是……生氣魚很不想要大恐龍生氣。」

大安：「但是……不知道怎麼不生氣。所以，生氣魚不知道怎麼辦？」

大安：「生氣魚好想要跟恐龍和好，但是，生氣魚不知道怎麼不生氣。」

我：「你好像找不到讓生氣魚不要生氣的辦法。」

大安：「對呀！生氣魚很想要不生氣，可是沒有辦

愛的小叮嚀

孩子不是故意不處理問題，而是不知道如何處理問題。與其責怪孩子不解決問題，何不教孩子如何解決問題。

法。」

大安在遊戲中，慢慢地說出了他遇到的困難，他不知道怎麼去面對他遇到的困難，大安的困難是「他不知道怎麼不生氣」。大安其實不是故意要生氣的，只是，大安不知道他有什麼辦法「找到讓自己不生氣的辦法」。

對大安來說，他可能有沒有足夠的方法去讓自己不生氣；就像前面案例提過的，大安生氣的時候只會用自己原始的方式處理情緒。從大安的遊戲對話之中，大安覺得自己並沒有能力去面對自己的問題，也就是自我效能感不足。

孩子對於自己是否有能力解決問題，主要受到自我效能感的影響。自我效能（self-efficacy）代表一個人能否運用自身的能力，相信自己可以做到某些事情、達成目標的程度。自我效能高的人，完成任務、達成目標的機會高；自我效能低的人，任務完成機率低，做不了什麼事情。當孩子自我效能感足夠，且相信自己能夠面對問題，則能夠提升面對挫折情境的能力。

在孩子生氣或情緒不穩定時，爸爸媽媽可以先同理孩子的情緒，然後告訴他當下有什麼限制，最後再提供

問題解決策略。往往我們直接限制孩子，或是告訴孩子要怎麼做，但是孩子卻繼續生氣，或是不想說話了；這不是孩子故意不聽話，而是孩子還不知道要怎麼處理問題，孩子不認為自己也有方法去處理問題。

我們可以先採用「情緒焦點因應」的策略，讓孩子的情緒先穩定下來，然後再進入後續的「問題焦點因應」的策略，實際去解決所遇到的困難與問題。因為我們最終還是要提供孩子正確的問題解決策略，藉此提升孩子解決問題的策略，讓孩子相信自己有解決問題的好方法。以下為三個進行的步驟與方式，從情緒焦點因應到問題焦點因應。

同理孩子的情緒，陪孩子找到解決問題的方法

在跟大安遊戲治療的過程中，我跟大安一起討論可以如何幫助生氣魚？

大安：「生氣魚每次都不知道怎麼辦，好難喔！」

我：「我們一起來陪生氣魚想辦法？」

大安：「魚活在水裡面，跑到陸地上就遇到大恐龍了。」

大安：「魚應該要在水裡面，才不會繼續生氣啊！」

我：「你是說，生氣魚是跑到陸地上才會生氣的意思？」

大安：「對呀！說不定生氣魚是因為太久都沒有喝到水，才會生氣。」

我：「生氣魚在生氣的時候，很需要有水來幫助他。」

大安：「我想到了！下次生氣的時候，讓生氣魚喝水就變回魚了！」

我：「這好像是一個很好的方法耶！我們下次準備水，讓魚喝。」

可以告訴孩子，明確的三個步驟：

「我知道生氣魚不會寫題目而生氣（＋反映情緒），

愛的小叮嚀

情緒處理三步驟：

黃燈：我懂你的心情，

紅燈：你還是要遵守規則，

綠燈：我教你可以怎麼做。

可是生氣不能丟鉛筆（＋限制），

你可以先讓生氣魚喝杯水冷靜一下（＋替代方案）。」

當孩子情緒穩定下來，孩子可以接受大人的限制，更能夠聽聽大人的想法並學習到解決問題的策略。孩子成長的過程，爸爸媽媽都期待孩子未來能夠成為解決問題的專家；爸爸媽媽的任務，就是在同理孩子的情緒後，增進孩子的問題解決能力。

STEP 1 黃燈：
我懂你的生氣──關注孩子的情緒

「孩子有情緒，會生氣、也會難過」，孩子就像大人一樣，有喜怒哀怕的不同情緒，我們會為了孩子不認真寫功課而生氣，所以孩子也會為了拿不到玩具而生氣，此時，要告訴孩子「不要生氣」還是「請好好生氣」？

爸爸媽媽可關注孩子的情緒，同理孩子的感受，可以試著告訴孩子「你現在很不高興／難過」；當孩子接收到爸爸媽媽的同理時，孩子的情緒就緩和下來了，也就不會一直生氣了。

在關係中展現同理心回應的首要條件是，我們具有

這份與孩子情緒連結的意願，並且讓孩子能夠感受到爸爸媽媽的在乎；而不會陷入自己又犯錯的感受。透過爸爸媽媽關注孩子情緒，孩子情緒也會逐漸穩定下來。

很多家長反應，當他愈去同理孩子的情緒，孩子更容易繼續生氣，「轉移注意力」與「關注孩子情緒」是可以交互使用的。當孩子盧或拗脾氣要求他人順從時，可以暫時轉移孩子的注意力（請見第 3 章的轉移注意力），讓孩子的情緒先暫時穩定下來，而後再進行前步驟所提醒的情緒同理。

STEP 2 紅燈：
這樣就是不行——事先約定好規範

孩子往往會有錯誤的解決策略，主要來自於孩子找不到正確的解決方法，所以孩子才會沿用錯誤的方式。因為孩子有錯誤的行為爸爸媽媽依然要給予適度的限制，也就是爸爸媽媽需要適時制止孩子錯誤的方式。

例如，孩子如果採用丟玩具的方式處理情緒，我們就需要制止丟玩具的錯誤行為；大部分的家長都會制止孩子的行為，常常會提醒孩子的錯誤動作，但往往無法改變孩子的原因是，爸爸媽媽忘了執行第三步驟的提供替代行為或教導解決方法。

此外，有些孩子的錯誤行為，也可能來自於一開始的行為規範不清楚。例如：有的時候，爸爸媽媽與孩子在一起遊戲的過程中，孩子可能會為了增加遊戲的時間或贏得勝利，常常會不停變換規則，以增加對自己有利的情境。

然而，每個遊戲、每個進行方式都有其規範，但是孩子往往會挑戰規範，所以就會不停地踩大人的底線。所以，爸爸媽媽在孩子遊戲開始前，可以明確說明限制，讓孩子可以理解規範；當孩子挑戰底線時，爸爸媽媽可以再次說明規範，讓孩子理解遊戲的限制，以減少討價還價的爭執。

STEP 3 綠燈：
你可以怎麼辦──教導孩子解決方法

在大安的故事中，生氣魚說出「我不知道怎麼辦」，正代表孩子也不知道如何處理自己的生氣情緒，當我們告訴孩子「生氣不可以丟玩具」，但是並沒有再教孩子「生氣可以怎麼辦？」

爸爸媽媽的示範或是生活中的其他成功案例，都可以增加孩子的學習與模仿，並從成功經驗中找到解決問題的方法，以此提升自我效能感。

爸爸媽媽都會生氣，但也不是每個爸爸媽媽都會氣到打孩子，所以有的爸媽會轉身做家事、或是先去洗個澡冷靜一下，也有的會去購物以降低憤怒的情緒，如果可以教孩子好好生氣，孩子更能理解並學習到生氣情緒的表達方式。

當孩子看到爸爸媽媽的情緒處理方法，我們討論生氣魚的處理方式時，孩子就可以參考爸爸媽媽或是魚的生存之道，而有了「生氣可以去喝水」的方法後，大安就知道可以去喝水處理自己的生氣情緒，找到解決問題的好方法。

當孩子的情緒逐漸穩定後，家長可以提供堅持且明確的問題解決方式，或是教導孩子適當的情緒發洩方式。堅持且明確的要求，例如：請你把東西撿起來、請把玩具先收好；教導適當的發洩方法，包括：抱怨在心裡、打軟的枕頭、可以握拳。

孩子往往欠缺處理問題的策略與方法，如果我們可以提供處理事情的方式，孩子也會慢慢思考如何解決問題，未來才有機會能慢慢成為解決問題的專家，也在這樣的過程中提升自己的自我效能感。

練習提供孩子問題解決選項

當孩子遇到挫折情境哭泣時，爸媽往往會對孩子動不動就嚎啕大哭感到生氣，不解孩子為什麼一直重複錯誤行為？其實，有一個很重要的原因在於，孩子不知道可以如何解決問題。

爸爸媽媽可以提供正確的方式來處理孩子的行為，以下為情緒處理三步驟：「我懂你的心情（黃燈），你還是要遵守規則（紅燈），我教你可以怎麼做（綠燈）」。

例如：睡覺的時間到了，但是孩子還是一直玩玩具，有的父母會不停提醒小孩，但孩子依然無動於衷；後來爸爸媽媽就會很生氣地把玩具收走，或是把孩子強行報離玩具區，最後爸爸媽媽跟小孩都不開心。

建議爸爸媽媽可練習用以下的對話：

「我知道你們很想繼續玩玩具（黃燈），但是睡覺的時間到了（紅燈），**你們可以選一本故事書去床上讓媽媽念（綠燈）**」。

解決問題（綠燈），往往是爸爸媽媽最感到困難的地方，也就是要給予孩子足夠的替代策略或是給予解決問題的方法，爸爸媽媽可以透過以下情境來思考與練習：

1. 當哥哥在玩自己的玩具，但是弟弟很想要玩哥哥的玩具，所以去搶哥哥的玩具而吵架。此時，爸爸媽媽如何「讓弟弟能夠取得哥哥手上玩具，但又不會兩個都不開心」的方法？

   ☐ 叫哥哥把玩具讓給弟弟

   ☐ 如果兩個吵架，就不再買玩具

   ☐ 請弟弟找玩具跟哥哥交換

   若選擇第一個選項，哥哥就會不開心並感到父母不公平。

   若選擇第二個選項，兩個孩子會覺得不公平並且互相推卸責任。

   若選擇第三個選項，弟弟會學習到解決問題的方式且哥哥會願意交換。

2. 當爸爸媽媽帶小孩到便利商店，小孩看到便利商店有自己很想買的玩具，但是爸爸媽媽沒有要買給小朋友，小孩在便利商店哭鬧，可以如何「不買玩具給小孩，且小孩不要哭鬧」？

   ☐ 把小孩立即抱走

   ☐ 小孩一哭，就買給小孩

   ☐ 爸爸媽媽給孩子買養樂多

   若選擇第一個選項，小孩會覺得爸爸媽媽不在乎自己的感受。

   若選擇第二個選項，小孩學習到「會哭的小孩有糖吃」，以後就會繼續哭鬧。

   若選擇第三個選項，爸媽給予孩子替代性的選擇，讓孩子學習到「未如預期時，可以尋找替代物品」。

3-1 當爸爸與孩子約定的電動遊戲時間到了，但是小孩還是拖拖拉拉，不願意把遊戲收起來時，可以如何「收起孩子的玩具，但又不會吵架」？

☐把小孩玩具直接收走

☐小孩一哭，就一直延長時間

☐爸爸媽媽先讓孩子吃點心，再念書

若選擇第一個選項，小孩會覺得爸爸媽媽故意收走自己的遊戲。

若選擇第二個選項，小孩學習到「反正有哭有機會，以後就會繼續哭鬧及賴皮」。

若選擇第三個選項，爸媽給予孩子替代性的選擇，讓孩子學習到「未如預期時，要尋找第二喜歡的事情」。

3-2 爸爸媽媽可以思考，對你的孩子來說，什麼是對小朋友比較感興趣，但也很喜歡的替代任務或物件？比如說，您的孩子對於食物比較著迷，那就以點心為替代方案；如果您的孩子容易被聲音吸引，那就以聽音樂為替代方案。請爸爸媽媽找三個可以吸引孩子注意力的事項。

（1）＿＿＿＿＿＿＿＿＿＿＿＿＿

（2）＿＿＿＿＿＿＿＿＿＿＿＿＿

（3）＿＿＿＿＿＿＿＿＿＿＿＿＿

2 讓孩子從挫折中學習？
→為自己的行為負責

　　小明會開始來諮商，是因為疫情過後的手機使用很頻繁，總是收不回來～

　　小明原本手機使用頻率不高，只有週末會玩一個小時左右的時間，其他時間都在爸爸媽媽的掌控之中；但是疫情期間必須上線上課，所以爸爸媽媽決定辦一支手機讓他順利上線上課程。

　　小明：「我以前都沒有使用手機，一個禮拜只玩一個小時。」

　　小明：「因為現在要上課啊。所以，我下課就會繼續玩。」

　　我：「你玩手機的時間愈來愈多了。」

　　小明：「對呀！反正爸爸媽媽都在工作，他們沒有時間管我。」

　　小明：「他們只有下班的時候，才會管我一下。」

因為爸爸媽媽平時都在工作，小明就自由使用手機上課，只是因為爸爸媽媽下班時間也比較晚，所以線上課程結束後，小明就可以無限制地使用手機。當疫情逐漸穩定之後，小明開始要上安親班、要寫功課，手機卻還是成為小明每天很重要的休閒活動，甚至於還沒寫功課就要先玩手機。

在家長諮詢的時候，小明媽媽說：「因為疫情的關係，小明從週末一小時的限制，不知不覺就變成每天五小時的自由時間。」

小明媽媽：「我們雖然很在意小明的手機使用時間，但是每天都忙於工作，只能下班之後偶爾提醒小明注意手機的使用。」

小明媽媽：「結果，他現在每天愈玩愈多。我請他把手機收起來，然後請他去看課外書或玩玩具，他也都不理我。」

小明的媽媽使用了前面案例中提到的替代方案，請小明去看課外書、玩玩具，對小明來說都是其他替代性的選擇，但是小明依然持續玩手機。當手機使用愈來愈多，而且小明也不願意接受媽媽的替代方案，媽媽決定開始限制小明的使用狀況，並且使用了大原則的限制。

媽媽下班後，只要看到小明一直使用手機，開始還是先給替代方案，但是小明依然不聽的時候，媽媽說：「你再玩，我就把手機摔壞！」

媽媽每次都被小明氣到不行，但是小明依然故我。

還記得那次諮商的時候，小明偷偷跟我說：「媽媽每次都說會把手機摔壞，但是，『他從來沒有摔過』；所以，我就繼續玩手機！」

因為孩子對行為不用承擔責任

孩子的手機使用頻率高，是很多家長困擾的問題。尤其當小明媽媽已經給予替代選擇，孩子依然故我；適當使用最後通牒跟指令是重要的。以下有兩個給予孩子最後通牒的注意事項：

愛的小叮嚀

孩子會不聽話，因為爸爸媽媽不會說到做到「把手機摔壞」，會因為捨不得而做不到。
孩子清楚知道，爸爸媽媽不會真的做到，孩子就繼續不遵守約定。

選擇是為了自己的行為負責

小明媽媽：「我都跟他說要把手機收起來，也給他替代方案，他怎麼還是不聽我的？」

小明媽媽：「老師，我這樣一直給他機會也不對；他就是老皮條。」

小明媽媽：「小孩在學校都會聽話，為什麼孩子回家之後都不聽話呢？」

我：「因為老師說話算話，當老師給予孩子指令或是選擇的時候，一定會確實執行；但是家長不一定會做到。」

我：「小明依據媽媽的指令且試驗了快三個月，小明發現手機從來沒有被媽媽摔壞過任何一次，那當然就不用害怕囉！」

愛的小叮嚀

給予最後通牒，不是給孩子處罰；而是要孩子為自己的行為負責任。

孩子很清楚哪些話是真的，哪些話是虛張聲勢；所以，孩子遇到老師的指令就需要為自己的行為負責，但是爸爸媽媽親的指令說出時，孩子並不一定要真的負擔起責任。

家長的最後通牒往往是給予孩子懲罰或沒收，此時，家長很擔心自己是否陷入懲罰或是威脅孩子的錯誤循環。然而，給予孩子最後通牒與指令，並不一定是懲罰，而應該是讓孩子為自己的行為負責任。

主要是因為，家長在前端已經給予孩子「替代選擇」，但是孩子依然選擇錯誤的方式，孩子就必須為自己的選擇負起責任。

家長的可以採用方式：「如果你『選擇』繼續玩手機，就代表你『選擇』讓我把手機收起來。」此時的選擇，即回歸到孩子個人的責任；孩子必須為自己的選擇，擔負起責任。

為自己負擔起「立即且實際」的責任

我跟小明的媽媽說：「小明說，『媽媽都說會把手機摔壞；但是，從來都沒有摔過耶！』」

媽媽笑了出來，說：「對啊！手機很貴耶！」

我：「其實，小孩比我們都還清楚，他知道手機不會被摔壞；所以，他當然就繼續使用啦！」

「如果可以的話，我們是不是使用比較有可能會實現的限制，例如：『手機使用時間到了，如果你還不能收起來，那我們就不能喝冰箱的養樂多』，找一個真的會做到的事情，這樣孩子才能夠真的收手機。」

當爸爸媽媽給孩子為自己的選擇負擔起責任時，這樣的責任也必須是確實且可以感受到的；老師會希望孩子為自己的行為立即負擔起責任，讓孩子對於自己的行為負責。

爸爸媽媽可能說出的責任不一定會真的存在，就像小明在諮商的時候跟我分享的一句話「媽媽每次都說會把手機摔壞，但是，她從來沒有摔過」；大人總是會用

愛的小叮嚀

學齡階段的孩子處於具體運思期，爸爸媽媽要直接給予明確指令跟規範，讓孩子可以具體可行地立即感受。

很多威脅的話語來恐嚇孩子，但孩子總是不怕。

因為大人從來沒有真的做過，孩子很清楚，這樣的威脅其實並不存在，這樣的威脅只是大人一時的氣話，但是大人也不會真的實踐它，所以孩子就不再害怕這樣的威脅話語。

在孩子的成長發展階段，皮亞傑的認知發展提出，7至11歲的孩子處於「具體運思期階段（concrete operational stage）」，具體運思期的孩子在面對問題時，大多依邏輯法則進行推理思維；只是，此思維能力限於眼見的具體情境或熟悉的經驗，在孩子的生命經驗之中可具體且立即感受到的事件。

爸爸媽媽與具體運思期階段的孩子在進行對話時，必須對於實際看到的行為才能有所感受；所以爸爸媽媽給予孩子的責任必須能夠實質且立即可見的回應。

舉例來說，當老師跟孩子說明，如果「寫錯字就必須要罰寫三次」，老師「在改作業的時候就會『畫三個格子』讓孩子罰寫，若沒有寫完就會『持續追蹤』」，所以孩子很清楚，老師就是說到做到且要求立即負責的人。

隔了兩週後的諮商，我問了小明手機使用的狀況。

小明：「媽媽說如果不收起來，就要把裡面的 SIM 卡片折掉！卡片真的有被折掉過，真的不能上網了。」

小明：「我現在每週只有週末敢玩了！不過，我最近又花更多時間在研究我的甲蟲！」

那次再見到媽媽，媽媽很開心，因為手機已經不再是他們的問題了！

愛的小叮嚀

具體且立即地給孩子責任，孩子就會知道要調整自己。孩子也願意遵守爸爸媽媽約定，為己選擇負責與改變行為。

練習提供孩子可以確實做到的指令

當爸爸媽媽在給孩子的行為規範跟最後通牒的時候，往往會很考驗爸爸媽媽給予孩子的通牒是否會真的執行，因為孩子很清楚知道爸爸媽媽執行的底線，所以爸爸媽媽必須能夠思考自己在跟孩子對話過程所使用的話語，如此才能真正讓孩子對於自己的行為有所規範與遵守約定。

以下有幾個讓父母可以思考「如何讓孩子為自己的行為負責」的對話，然而更重要的是父母如何給予孩子明確的指令且真正能夠執行，請進行以下的問題勾選：

1.「當孩子在玩玩具，但是睡覺的時間已經到了，爸爸媽媽希望孩子把玩具收起來」……

　　1-1 哪一種對話或指令是父母真的會執行的？
　　　　□如果不收玩具，我就把所有玩具都丟掉
　　　　□如果不收玩具，我以後就不會再買玩具給你了！
　　　　□如果不收玩具，我就先把玩具收到爸爸的櫃子

　　1-2 請爸爸媽媽針對家中的狀況，寫出您真正會執行的方式？

　　　　_____

　　　　_____

2.「寫作業時間到了，但孩子依然在玩手遊，爸爸媽媽希望孩子關掉手遊、去寫作業」……

    2-1 哪一種對話或指令是父母真的會執行的？

        □如果不關手遊，我就把手機送給別人

        □如果不去寫功課，我以後也不會再讓你拿手機

        □如果不去寫功課，晚 5 分鐘去寫，下次就還我 5 分鐘的手遊時間

    2-2 請爸爸媽媽針對家中的狀況，寫出您真正會執行的方式？

_____

_____

3.「吃飯時間到了，但孩子依然在看電視，爸爸媽媽希望孩子關掉電視、快去吃飯」……

    3-1 哪一種對話或指令是父母真的會執行的？

        □如果不關電視，我以後都不再煮飯給你吃

        □如果不去吃飯，我就把飯收掉、讓你餓肚子

        □如果不快吃飯，哥哥可能就會把你喜歡的菜吃光

    3-2 請爸爸媽媽針對家中的狀況，寫出您真正會執行的方式？

_____

_____

3 讓孩子持續面對問題的能力 →為自己的選擇負責

　　小春是家中排行最小的孩子，但是媽媽覺得他總是愛自己做決定，而且凡事都愛頂嘴，不把家人的建議聽進去，只以自己的意見為主……媽媽覺得小春還太小，所以大人的建議都是對小春的擔心。

　　小春在踏進諮商室的時候，很直接說：「我真搞不懂我要來做什麼！媽媽什麼事情都要反對我，我已經六年級了，為什麼事情都要聽她的呢？」

　　在那一刻，我看見小春堅毅的眼神，而且很堅決地說出自己可以為事情做決定的堅持！

　　小春繼續說：「就像今天早上很熱，我就覺得我穿薄長袖的衣服就可以了，但是媽媽卻堅持要我穿外套；我就不覺得熱啊！而且每個人本來就對天氣有不一樣的感覺，她怎麼就覺得我一定會冷？」

小春訴說著與媽媽之間數不盡的衝突，正如媽媽帶小春前來諮商的原因；彼此都有自己的想法與立場，媽媽有著沒有對孩子說出口關心與在乎，小春有對於自我生活的需求與權利，就這樣陷入無止盡的衝突迴圈之中。

　　小春家中排行老三，上面的姊姊分別大十歲跟九歲，姊姊都進入了青春期階段，很多事情都能自己安排跟決定，所以小春認為自己應該也有同等的權力。

　　然而，在媽媽的眼中，小春畢竟還在國小階段，還不夠成熟，所以凡事考量都不夠周全，會給小春很多的限制！

　　只是，看著姊姊們都可以自己跟同學外出、決定衣服穿著、安排生活休閒，小春認為自己也應該有自己的權利，看著手足擁有自己的生活而讓小春也有相同的期待。

青春期的孩子需要「選擇權」

　　面對小春的成熟，其實也不是誰對誰錯，而是小春在家庭生活中已經獲得「楷模學習」，希望自己可以跟姊姊一樣擁有自主權，然而小春的想法不夠完整，

所以欠缺後果的考量。

　　進入青少年階段的孩子對於成人的話語有諸多懷疑與挑戰，正進入了所謂的「叛逆期」，只是孩子不認為自己正在叛逆，其實這時候的孩子進入了「自我認同」發展階段。

　　心理學家艾瑞克森（Erik Erikson）的社會心理發展理論指出，每個階段的個體都有不同的發展任務，當個體順利度過該發展任務，就能順利往下個階段邁進；青少年正邁入「自我認同」發展階段，青少年經歷了兒童階段的順從與依賴，卻也增加了不少成長經驗，孩子的經驗告訴孩子「大人的話語不一定永遠是正確的」，大人的話語有時候也會讓自己遇到挫折。

愛的小叮嚀

青春期的孩子進入「自我認同」發展，孩子進入認定的「叛逆期」，對孩子來說，「我只是擁有自己的想法」。對爸爸媽媽來說，「你怎麼不再聽我的話了」。

所以，我跟小春的媽媽說：「小春不是故意反對你的想法，只是希望擁有跟姊姊一樣的決定權；而媽媽只是擔心小春的思考不夠完整，欠缺全面性的統整。」如果媽媽擔心思慮不周，是小春踏入青春期的狀態；因為大腦獨立思考發展尚未發展成熟。

讓孩子參與討論提出策略

孩子因為生活經驗增加，所以獨立思考的能力也有所提升，對大人的話語也有更多挑戰。

例如：師長會在孩子的成長過程中說，每個人都必須「以德報怨」，當孩子總是原諒搶他手機的同學，卻發現自己可能被下個同學拿走手機，這樣的反例讓孩子產生「大人的話不一定永遠是對的」，孩子開始有愈來愈多自己的經驗法則，並且思考「我要繼續聽大人的話？還是我也要相信自己的經驗？」，思考「聽大人的話的是我？還是不舒服的我才是真實的我？」，然後「我要相信我自己的經驗，因為我不想要永遠都被搶走手機！」

當孩子不再是我們理想的樣貌，進入「自我認同」發展階段，這樣的階段究竟是好是壞？就華人傳統的順

從尊長概念來說，的確經歷不少衝突；然而，孩子若經驗自我認同的歷程，更能夠增加獨立思考、明辨是非與批判能力。

當生活面臨不同的誘惑或挑戰時，孩子能夠從多元的面向思考其優缺點、優劣勢等……，孩子的自我認同是否也帶來了成長？孩子的自我認同，是否也增加孩子的自我保護意識？

小春再進到諮商室，果然也是反映自己與媽媽不同的想法：「我想去同學家玩，可是媽媽都故意不讓我去，為什麼姊姊就可以去呢？」接著就開始一連串的抱怨，但是基於小春大腦獨立發展的未成熟，我開始給予小春對於事件後果的討論。

我問了小春一段話：「你覺得是什麼原因，媽媽不讓你去呢？」

初始，小春的回答：「媽媽就是故意反對我！」

後來，在討論的過程中，小春提出：「姊姊為什麼可以去同學家？」果然如我前面所說的，小春的「楷模學習」發揮得淋漓盡致。

小春：「因為姊姊那時候已經國三了，他要去同學

家做報告！所以我現在也可以去。」

在我們也開始討論：「為什麼國三可以去，而小六不能去的原因。」

小春：「我不知道。」

我：「那我提出三個原因，你覺得比較有可能是哪一個？」

我：「第一個、姊姊長大了，有保護自己的方法；第二個、媽媽故意不讓你去；第三個、媽媽有去過姊姊的朋友家。」

小春：「我覺得媽媽就是不讓我去。」

我：「如果，我們先不管原因是什麼？你覺得上面

愛的小叮嚀

青春期階段的孩子，不能再一味地只給予指令，青春期階段需訓練，讓孩子獲得獨立思考能力。

爸爸媽媽轉換關係位置，給予孩子適度的選擇並討論利弊得失。

哪個方法，比較可能讓你去朋友家？」

　　小春：「我還沒長大，所以第一個方法可能還不夠；但是如果用第三個方法，『讓媽媽去看過朋友家』或是『讓媽媽跟同學媽媽連絡』，說不定比較有機會。」

爸媽不用急著幫孩子做選擇

　　面對青春期的孩子，如果在溝通對話的過程給予指令，孩子很容易直接感受到拒絕，甚至認為自己被否定；進而極度想要證明自己的成熟，而成為親子溝通的困難。

　　雖然小春才逐漸踏入青春期階段，但是小春已經開始有自己的想法；我建議媽媽不要直接太快給予指令，可以給予小春一些選項並且跟小春討論與分析事情的結果，例如：「我知道你很想去同學家，但是我不確定同學家是否安全，也許我們可以想辦法跟對方家長討論看看！」

　　媽媽說出自己的擔心跟解決問題的方法，除了能夠解除小春對於家長的挑戰；同時，小春也會從抱怨轉換成問題解決，增加自己溝通與處理問題的能力。

　　青春期的孩子的確進入獨立思考的階段，但是在思

慮上卻不定周全；家長若採用兒童時期的直接指令，不一定能夠讓孩子有所成長，反而是透過給予選項、分析後果與討論利弊得失的方式，更能夠增進孩子的獨立思考能力唷！

當試著討論跟分析媽媽的擔心是什麼之後，小春不再繼續抱怨跟媽媽的衝突，反而能夠去思考如何讓媽媽可以放心地相信自己。

練習提供選項讓孩子自己做決定

孩子進入青春期後，很多事情愈來愈有自己的想法，建議爸爸媽媽可以透過選擇題的概念，除讓孩子了解每個選項的意義外，也可以讓孩子在有限的選擇中做決定，同時也開始練習為自己決定的行為與後果負責。

以下有幾個情境，可以讓爸爸媽媽進行練習，並開始思考生活之中有哪些事項是可以讓孩子練習進行選擇。

1.「到了晚上用餐的時刻，孩子總是對於爸爸媽媽準備的餐點有自己的想法」，爸爸媽媽可以讓孩子練習不同飲食的選項練習：

　　□水餃　　□炒飯　　□炒麵　　□排骨飯
　　□請爸爸媽媽針對家中的狀況，寫出您還會提供的選項

2.「暑假期間，爸爸媽媽想幫孩子報名參與夏令營活動」，爸爸媽媽可以尋找多種不同的夏令營課程，讓孩子開始練習不同夏令營的選項練習：

　　□游泳夏令營　　□羽毛球夏令營
　　□英語夏令營　　□繪畫夏令營
　　□請爸爸媽媽針對家中的狀況，寫出您還會提供的選項

3.「週末時間，學校作業完成了，孩子可以有下午的休閒時間」，爸爸媽媽可以尋找休閒安排，讓孩子開始練習自我休閒的選項練習：

☐一起去最喜歡的公園玩

☐跟好久不見的朋友去打球

☐在家看還沒看完的卡通

☐請爸爸媽媽針對家中的狀況，寫出您還會提供的選項

4.「考試後，孩子成績有所進步，爸爸媽媽要給予鼓勵獎賞」，爸爸媽媽可以尋找可接受的選項，讓孩子開始練習選擇酬賞的選項練習：

☐去吃想念已久的麥當勞

☐購買少了顏色的彩色筆

☐一起去看最想看的電影

☐請爸爸媽媽針對家中的狀況，寫出您還會提供的選項

爸爸媽媽除了給予孩子選項之外，更重要的是要跟孩子討論為何給予以上的選項，提升孩子自我分析與選項抉擇的參考能力。

4 讓孩子擁有正向思考的能力？
→楷模學習

　　小門目前在家中工作，覺得自己未來勢必要協助家族企業，但是小門覺得自己是一個直來直往的人，對於自己份內完成製圖的技術性工作可以表現得很好，但是未來可能會面臨業務工作且需要跟其他客人交流，小門覺得在面對其他客人好像必須要有適度的彈性與溝通。

　　小門的媽媽告訴小門：「我知道你在家工作很用心，也把工作做得很好，但是你的個性太直了，這樣以後怎麼留得住客人？」

　　小門：「我就是一個有什麼就說什麼的人，如果不合理的事情就要說清楚，這樣才是彼此互相尊重呀！」

　　小門：「比如說，客人明明就沒有在工程完成的時候，付完全部的工程款項，他說他們要留一些押金，

這樣就沒有照著合約走；那為什麼我們當初要簽約呢？」

小門：「我覺得客人就應該要付完全部的款項，如果他不能付全部的款項，那以後就不要再跟他們做生意了。」

小門：「但是，我媽說我不能這樣，那以後的客人就不再來了。」

小門：「我本來覺得我媽這樣說不對，但是因為疫情的關係而工作不穩定，後來想一想，雖然覺得自己很有道理；但是，媽媽說的也對。我覺得自己這樣的個性好像很不好，因為真的可能就會留不住客人。」

小門原本就是一個實事求是、耿直且對於工作盡責的人，相對就不能理解工作職場的模糊原則，但是當小門工作幾年且與客人實際互動後，聽到爸爸媽媽提出不一樣的思考時，小門對於爸爸媽媽提出的見解從初始的反對到逐漸認同。

小門發現不能一直堅持自己的原則，否則就會喪失客戶，小門理解必須為了大局及未來著想，但卻無法接受自己的正義原則受到挑戰，小門為此感到困惑並產生認知失調的狀態。

理想與現實的差距，引發認知失調

認知失調（cognitive dissonance）是當我們自己的兩種認知想法會產生互相矛盾的情況，例如上述的例子之中，小門覺得自己的原則沒有錯誤，但是又認為爸爸媽媽說的道理也是正確的，此時就感到認知矛盾且產生失調的狀況。

其實，我們的大腦喜歡統一且一致性的想法，但是這兩種矛盾的認知思想會讓大腦「不太舒服、不太習慣」，此時的我們會傾向做一些東西來降低這種想法的相互衝突與矛盾，讓內在的想法能變得和諧。

心理學家利昂・費斯汀格（Leon Festinger, 1919-1989）和梅里爾・卡爾史密斯（Merrill Carlsmith, 1936-1984）在 1959 年做了一個非常著名的實驗來解釋認知失調的現象。

實驗參與者先被要求做一些十分沉悶的事情，例如不斷反轉曬衣夾，參加者都清楚知道這個實驗的沉悶程度非常高；之後，請他們告訴後面的參與者說「這個實驗是非常好玩有趣的」，實驗機構讓實驗參與者了解，「如果沒說以上的話語，他們會做得不好哦，而且實驗機構會給你報酬，請你一定要說這個實驗很有趣！」然

後，他們分別獲得 1 美元跟 20 美元，並最後評分此實驗的有趣程度。

透過以上的實驗想了解「事後獲得酬賞，會不會減少認知失調（把原本無聊的工作，卻被要求跟別人說是有趣的）」的衝突，而認為這件事是有趣的。

結果發現，獲得 20 美元的人覺得原本的實驗是很無趣的，反而 1 美元的人事後覺得其實實驗是有趣的。

拿到 20 美元的人認知失調較低，為什麼呢？因為拿 20 美元的人覺得「既然機構出 20 美元這麼多，那麼這實驗是一定真的很無聊很痛苦」，這樣的信念（覺得實驗很無聊）和你遇到的事情比較一致，所以認知失調較低。

愛的小叮嚀

青春期的孩子已開始擁有自己的想法，但又覺得自己想法好像也不完全正確，孩子因此而開始產生了「認知失調」，爸爸媽媽學習理解孩子的認知衝突與矛盾，才能陪伴孩子找到平衡和諧的好方法。

反而是拿到 1 美元的人覺得,「是不是只有我覺得無聊?如果是好無聊又想給『遮口費』的話,沒理由這麼少!那不無聊的話,我又做了這麼久,那我不是很無知。」1 美元組參加者的認知失調較大,所以就會改變自己的想法,告訴自己這個工作是有趣的,減少認知失調。

小門:「我有問過爸爸,他說反正下次再跟客人加一成費用就好了;不用為了一股氣就流失了客人。」

小門:「我覺得爸爸說得有道理,但是我就是不想要這樣。」

我:「爸爸好像在當老闆的時候有自己面對客人的方法。」

小門:「對呀!他說老闆還是要想辦法養活員工,讓公司持續有生意,這樣才是比較重要的。」

我:「嗯嗯,聽起來爸爸在當老闆的時候會有比較多的思考。」

小門:「對呀!我覺得爸爸很厲害,他就會想比較多,然後跟客人低頭。」

透過學習楷模接受新改變

這種讓自己大腦中兩個互相爭鬥、互相矛盾的想法變回一致的方法,不外乎就是將我們矛盾的思想合理化;可以透過改變自己的想法來獲得一致性,或是提升認知相對的重要性以產生個人對於新認知的認同。透過看見新認知的改變且見證正向的改變,讓自己的想法與行為獲得改變的動機;於是,我們透過尋找新認知的楷模對象,來見證自己新認知的重要性。

因為小門害怕改變自己的行為後,就不再是真實的自己;更害怕因為這樣的改變,反而讓自己不喜歡自己。所以,小門必須維持原本的自我認同,但也不致於讓工作受到太多的影響;我陪伴小門看見自我的不同面向,並且在工作與私下生活中保有彈性,讓自己擁有多

愛的小叮嚀

給予孩子適當的學習楷模,讓孩子知道改變並不可怕。給孩子看見實質改變的差異,孩子願意找到認知協調方法。

元的面向。

我：「你剛剛提到是當老闆的爸爸，那爸爸平常私下是怎樣呢？」

小門：「爸爸平常私下就完全不一樣，他就有什麼說什麼，下班之後也會跟我們抱怨其他客人。」

我：「看起來，爸爸在當老闆的時候，好像就穿上了『老闆的外套』，但是私下的他就會『脫掉老闆的外套』，回到他原本私下的樣貌。」

我：「你好像很擔心，當了老闆就要把原本的自己丟掉了；但是，爸爸好像沒有把自己丟掉，而是穿上一個屬於自己工作的外套儀式。」

小門：「嗯嗯，好像舅舅也是這樣的人。舅舅是警察工作，他上班就穿上制服，完全就是不一樣的人。」

對小門來說，看到爸爸在工作場合與私下生活的差異後，小門發現自己並不會因為工作而遺失自我；小門慢慢理解，可以透過爸爸的成功經驗去調整工作與生活的差異，也在舅舅的工作狀態中獲得另一個楷模驗證，爸爸與舅舅在工作場合需要調整自我不同的樣貌。

當小門體會楷模的經驗後，他的認知失調找到了新的價值與重要性，所以小門也開始在楷模中找到自我未來的模樣，同時也安心地調整到自我期待的樣貌。

我：「好像穿制服就是一個儀式化的動作，你有想到有什麼儀式化的穿著或動作嗎？」

小門：「我想到了！我要買一副眼鏡，平常戴一個休閒的眼鏡，等我下班再戴上那副眼鏡，那我就有下班的感覺了，那我就可以回到我自己了！」

當我們面臨認知失調且想要調整自我狀態的時候，除了想要創造新的經驗外，對孩子來說，最清楚且直接的方式就是尋找到一個成功楷模，從楷模經驗中學習與改變會更為踏實且清晰，同時也成為自己未來改變的動力與目標。

挫折練習小學堂

練習運用楷模對象學習改變

孩子在學習改變的過程中，除了要自己思考解決的方式、參考爸爸媽媽提供的引導外，還需要直接可以觀察的楷模對象，透過觀察楷模對象的行為時，孩子會更清楚自己可以如何改變、以及改變後可能會有的樣貌。

以下有幾個情境，可以讓爸爸媽媽思考生活中有哪些人物可以成為孩子在情緒、人際互動或時間規劃上的楷模，爸爸媽媽也可以順著這樣的議題與孩子討論楷模對象做了哪些事情，才能夠達到目標唷！

1.「小朋友最近很容易生氣」，爸爸媽媽可以讓孩子想想身邊的人，如何讓自己不生氣？

　□媽媽：生氣的時候，快點去喝水

　□爸爸：快生氣的時候，會找媽媽來幫忙

　□哥哥：生氣的時候，會去抱抱自己的娃娃

　□楷模對象：＿＿＿＿＿＿　他會怎麼做？＿＿＿＿＿

2.「小朋友很想多一點朋友，但是不知道自己可以怎麼做？」，爸爸媽媽可以讓孩子想想身邊的同學，如何交朋友的？

　□小安：同學在打掃的時候，幫助同學整理打掃用具

　□大名：平常下課的時候，會跟同學一起去打球

　□班長：＿＿＿＿＿＿＿＿＿＿＿＿＿＿＿＿＿

　□楷模對象：＿＿＿＿＿＿　他會怎麼做？＿＿＿＿＿

3. 「考試到了，但是小朋友不知道如何複習」，爸爸媽媽可以思考在學校的複習方式，或是請孩子想想老師怎麼做：

☐ 國語老師：把考過的考卷都整理好，然後遮住答案、再寫一次

☐ 數學老師：把數學寫錯的題目找到，然後找看看公式是什麼

☐ 歷史老師：把重點摘要寫出來，然後自己整理成表格

☐ 楷模對象：＿＿＿＿＿＿＿ 他會怎麼做？＿＿＿＿＿＿

爸爸媽媽在與孩子討論楷模對象時，孩子可能會舉出一些難以改變的狀況，例如：他長得很高，所以大家都跟他打球；她長得很漂亮，所以大家都喜歡她。此時，爸爸媽媽可以將焦點放在「他做了些什麼事情？或是他做了哪些努力？」慢慢轉化到孩子可以實踐的行動。

因為「相信」，所以能懷抱信心前進

成為心理師之後，我一直很享受與兒童心理工作的歷程。

每每在諮商等候區看見孩子天真的笑容，總會說出一句「好可愛」；但也在與家長諮詢的過程，聽見家長說「乖的時候都好可愛，生氣起來就……」。

同為家長，更懂得那份焦慮

身為二寶媽，完完全全可以體會家長的感受，也可以理解家長的矛盾感；因此我特別投注心力在兒童心理諮商與遊戲治療的世界，更願意會花時間與家長進行諮詢，讓家長對於自己的孩子有更多的理解，減緩親子之間的衝突。

為了促進家長對孩子的理解，遊戲治療過後，我都會跟家長談談孩子的諮商歷程、分析孩子目前的心理議題、諮商介入的處遇，最後也會給家長一些小小的任務，讓家長在家中可以延續諮商的成效，共同攜手陪伴孩子的成長與改變。

因為有家長一起陪伴共同努力，容易生氣爆炸或容易放棄努力的挫折孩子，在經過 5 ～ 10 次的諮商後，都逐步有所改變，慢慢穩定情緒，家庭互動也愈來愈好。

讓正向心理學成為家庭的光

　　本書大部分採用正向心理學的角度，完成這本書，也讓我再度把正向心理學的概念與期待往前跨進一大步。正向心理學一直期待能做到「心理預防針」的工作，讓我們在遇到挫折之前，就具備足夠的心理免疫力；當挫折來到時，我們已經具備足夠的能量與方法去應對挫折。

　　從小學公費教師轉職到心理師，從穩定教職工作到面對未知的人生，很多人都訝異我的職涯轉變，但是我依然勇敢往前走；因為我的父母「『相信』我可以」，我也一直相信自己可以有足夠的能力去挑戰未來，就算不穩定、不如意也只是暫時的，我只要把自己的專業好

好發揮，就會帶來成就。

　　仔細想想，我在面對職涯轉變或是遭遇狀況時，始終抱持樂觀的想法與心態，這源自原生家庭對我的「相信」，也是正向心理學帶給我的勇氣。因為正向心理學帶給我不同的視野，也成為我在助人工作中很重要的理論基礎；而正向心理學的思考脈絡來自原生家庭帶來的成長，所以我更希望帶領更多家長認識正向心理學的樂觀解釋型態，或許能夠給孩子與家庭帶來不同的視角。

期待與個案和讀者一同成長

　　《用遊戲陪伴孩子走過情緒風暴：培養孩子的 IQ、EQ、AQ、MQ》是我在遊戲治療過程會使用的遊戲媒材，《不是孩子不聽話，而是委屈沒人懂》是我認為家庭需要培養孩子的重要 AQ 能力，讓孩子具備面對挫折的能力與勇氣，並提供家長了解孩子的心理歷程與家庭任務。

這本書的完成要感謝我的老師們帶給我專業的知識與學習，感謝我的個案與家長一同陪伴成長，感謝我的父母帶給我正向心理學的樂觀視角，感謝我的先生陪我生活冒險與專業成長，感謝我的孩子成為我家庭與工作平衡的支持，感謝共同閱讀此書與充滿愛的大家，期待我們共同攜手帶給孩子與家庭幸福泉源。

張雅淳心理師遊戲治療②

不是孩子不聽話，而是委屈沒人懂！

教導孩子滿足需求、調適情緒、解決問題

作　　者：張雅淳
插　　畫：蔡靜玫
封面設計：謝彥如
美術設計：蔡靜玫
特約編輯：凱特

社　　長　洪美華
總 編 輯　莊佩璇
主　　編：何　喬
出　　版：幸福綠光股份有限公司
地　　址：台北市杭州南路一段 63 號 9 樓之 1
電　　話：(02)23925338
傳　　真：(02)23925380
網　　址：www.thirdnature.com.tw
E - m a i l：reader@thirdnature.com.tw
排版印製：中原造像股份有限公司
初　　版：2024 年 9 月
郵撥帳號：50130123 幸福綠光股份有限公司
定　　價：新台幣 330 元（平裝）

本書如有缺頁、破損、倒裝，請寄回更換。
ISBN 978-626-7254-54-7

總經銷：聯合發行股份有限公司
新北市新店區寶橋路 235 巷 6 弄 6 號 2 樓
電話：(02)29178022 傳真：(02)29156275

國家圖書館出版品預行編目資料

張雅淳心理師遊戲治療②不是孩子
不聽話，而是委屈沒人懂！教導孩
子滿足需求、調適情緒、解決問題
／張雅淳 -- 初版 . -- 臺北市：幸福
綠光, 2024.09
面；　公分
ISBN 978-626-7254-54-7(平裝)

1. 親職教育　2. 兒童心理學
3. 情緒管理

528.2　　　　　　113012489

新自然主義